Für meinen Bruder Dieter

Inhalt

Eine Frau kommt nach Hause
und weiß es nur noch nicht
9

Ratlose Manager
und einer ist sogar stinksauer
29

Kapital trifft Arbeit
und es kracht
43

Ein Neuanfang
und seine unerwarteten Folgen
57

Eva marschiert los
und tappt (fast wieder) in ihre eigene Falle
65

Eva trifft die Verräterin
und schafft Klarheit
75

Der Wunsch nach einem Split-Leben
und warum Michael traurig ist
87

Eva wird wütend
und löst einen Knoten
99

Harte Gebote
sind nur der Anfang
109

Banker spielen Spielchen
und beflügeln Eva
119

Erste Erfolge
und kleine Durchhänger
133

Dicke Bretter bohren, Misstrauen abbauen
– und wie es wohl weitergeht?
143

Evas zwölf Gebote erfolgreicher Teamarbeit
156

Danke
158

Eine Frau kommt nach Hause
und weiß es nur noch nicht

Als Eva aus einem heftigen Traum erwachte, spürte sie ihr Herz klopfen. Sie sah auf die Uhr – kurz vor sieben, noch fünf Stunden bis zum Showdown. Eva sprang aus dem Bett, öffnete weit das angelehnte Fenster und tat einen tiefen Atemzug. Die ersten Sonnenstrahlen und die sanfte Luft versprachen einen herrlichen Spätsommertag. Sie streckte sich. Ein Kribbeln in der Magengegend signalisierte ihr, dass kein leichter Tag auf sie wartete.

Eva schüttelte sich kurz und ging ins Badezimmer. Unter der heißen Dusche murmelte sie wie ein Mantra vor sich hin: »Du wirst ganz ruhig sein, du wirst ganz vernünftig mit Rolf reden, du wirst eine Lösung finden. Du wirst ganz ruhig sein ...« Sie musste lachen. Sie kannte ihr Ziel. Es würde nicht einfach zu erreichen sein, aber sie wollte sich durchsetzen: überlegt und überzeugend. Das war die Herausforderung dieses Tages.

Ruhig zu bleiben in einem Streit, das fiel ihr so schwer, auch und gerade innerhalb der Familie. »Was für eine Streitkultur hattet ihr denn zu Hause?« hatte ein Freund sie einmal gefragt. »Streitkultur? Es gab keine. Vater hat gesagt, wo es lang ging, diskutiert wurde nicht. Mutter hat sich immer als Vermittlerin unter uns allen gesehen und wollte nur Harmonie in der Familie. Unseren Frust haben wir Kinder dann beieinander abgeladen.« Und nun ging es darum, mit ihrem jüngsten Bruder über die Zukunft der Firma zu reden, und über ihre eigene.

Das Telefon klingelte. Eva rannte ins Wohnzimmer und kramte das Handy aus der Handtasche. »Ja, Hoffmann.«

»Dachte ich es mir doch, dass du schon wach bist. Na, aufgeregt?«

»Monika, lieb, dass du anrufst. Ja, schon. Aber auf eine gute Art und Weise. Ich bin froh, dass ich mich endlich getraut habe, das Gespräch mit Rolf zu vereinbaren.«

»Ich wollte dir anbieten, falls du es für deine seelische Kondition brauchst, dass ich dir heute Vormittag noch eine Massage gebe.«

Eva überlegte. »Hm, Zeit genug hätte ich. Wäre das gut? Ja, ich glaube schon. Aber dann möglichst früh. Könnte ich gleich vorbeikommen?«

Eine halbe Stunde später lag sie auf dem Shiatsu-Podest in Monikas Praxis. Sie entspannte sich unter den Händen ihrer Freundin, die ihren Rücken bearbeitete. Das tat gut. Es war, als wenn ein kleines Tier auf ihrem Rücken rauf und runter hüpfte. Monika dehnte und streckte die Wirbelsäule, das Steißbein, Eva atmete tief durch. Dann waren die Arme dran, Monika drückte mit ihrem Ellenbogen auf eine Stelle kurz unterm Schultergelenk und Eva schrie auf. »Autsch.«

Monika drückte auf eine Stelle ein paar Zentimeter darunter. »Aua. Hei!« Eva jaulte auf.

»Aha.«

»Was heißt hier ›aha‹?«

»Hier verläuft der Lunge-Dickdarm-Meridian.«

»Und warum tut das so höllisch weh?«

»Er hat etwas mit Annehmen und Loslassen zu tun. Ist das nicht gerade dein Thema?«

Eva überlegte. Annehmen und Loslassen, natürlich war das ihr Thema. Und zwar in der richtigen Mischung, um ihre Ziele gut durchsetzen zu können. Es ging schließlich um ihre Zukunft. Würde sie in Köln bleiben, wieder in die Firma einsteigen, erneut Verantwortung übernehmen oder doch die Zelte in ihrer Heimatstadt abbrechen, nach Berlin gehen und dort ganz neu anfangen?

Eva seufzte tief, als Monika auch den anderen Arm bearbeitete. Annehmen und loslassen. Raus aus der Verkrampfung. Klarheit gewinnen. Ihr Ziele erkennen und sie durchsetzen. Ihr Leben leben. Ja, das wollte sie. Heute mittag würde sie mit ihrem Bruder sprechen und dann wieder nach Berlin gehen – zu Michael. Ihr wurde warm ums Herz. Aber wieso schossen ihr jetzt Köln und die Firma überhaupt als Alternative durch den Kopf?

Nach der Massage fühlte Eva sich leichter. Zu Hause trat sie an ihren Kleiderschrank und schob einen Bügel nach dem anderen zur Seite. Zu bunt, dachte sie bei einem Kleid, zu verspielt bei einer Bluse, zu brav war das hellblaue Kostüm, zu langweilig der beige Blazer. Sie entschied sich schließlich für einen klassischen blauen Hosenanzug. Dazu eine weiße Bluse. »Diese Strenge brauche ich heute«, dachte sie.

Sie war viel zu früh, als sie die paar Schritte von ihrer Wohnung hinüber zur Firma ging. Der Pförtner der Hoffmann GmbH war noch derselbe wie früher, er ließ sie höflich passieren. »Na, Frau Hoffmann, mal wieder zu Besuch in Köln?« Besuch? ›Hey, das ist mein Zuhause‹, dachte sie ärgerlich. Um sich gleich wieder zu korrigieren: ›Na ja, das *war* mein Zuhause‹. Schließlich war sie seit Monaten nicht mehr da gewesen.

Sie nickte ihm lächelnd zu und betrat die dreigeschossige Gründerzeit-Villa aus dunkelrotem Backstein, in der sich die Verwaltung befand. Sie ging durch den hohen Flur, freute sich, das altbekannte weiß-rote Fliesenmuster am Boden zu sehen, irgendwie gehörte es zu ihrem Leben. Sie mochte den Wechsel der Farben und die Regelmäßigkeit des Musters. Zögernd ging sie auf das frühere Büro ihres Vaters zu.

Es fiel ihr doch schwer, die Eichentür aufzustoßen. Immer noch sah sie Hoffmann senior hinter dem großen, schweren Schreibtisch sitzen. Als kleines Mädchen war sie, sooft es ging, zu ihm gelaufen. Immer hatte er sie lachend hochgehoben und war mit ihr auf seinem Drehstuhl eine Runde »Karussell« gefahren, bis sie vor Freude juchzte.

Später, viel später, hatte sie selbst einige Jahre auf diesem Stuhl gesessen, die in Schwierigkeiten geratene Firma wieder in Schwung gebracht. Bis nach dem Tod des Vaters ihr Bruder Rolf allein die Geschäftsführung übernommen und sie hinausgedrängt hatte. Nun kam sie sich fast wie ein Eindringling vor, als sie langsam hineinging.

Vor dem imposanten Schreibtisch blieb Eva stehen und strich mit den Händen über das warme, rotbraune Kirschbaumholz. Sie holte tief Luft und ließ sich auf dem alten Lederstuhl nieder, langsam drehte sie sich einmal im Kreis herum. Sie nahm alles wie in Zeitlupe wahr: die massive Bücherwand mit Fachbüchern über Innenarchitektur und Holztechnik, mit Katalogen und Einrichtungsmagazinen, alles in den letzten fünf Jahrzehnten akribisch gesammelt. Davor der Besprechungstisch aus Mahagoni, schwarz glänzend, wie frisch poliert, mit acht passenden Stühlen. Das Sideboard, aus dem gleichen

Holz mit den beiden Eingangs- und Ausgangskästchen, die immer am selben Platz gestanden hatten, solange sie sich erinnern konnte.

Ihr Blick wanderte zum Fenster, der Eingang zur alten Werkstatt war genau gegenüber, ebenfalls ein Backsteinbau aus der Gründerzeit. Jetzt befand sich darin die Lehrwerkstatt. Die Produktion war längst in einen modernen Betonneubau umgezogen. Zwei junge Männer in blauen Overalls standen gerade rauchend davor.

In der Werkstatt hatte sie als kleines Mädchen oft gespielt, am liebsten in dem riesigen Berg von Hobelspänen, noch heute konnte sie den Duft des frischen Holzes riechen. Und an der Werkbank, auf einem Hocker stehend, hatte sie später ihren ersten Hobel in der Hand gehalten (und hinter dem Bretterstapel war sie später von einem Lehrling namens Jochen zum ersten Mal geküsst worden). Sie musste lächeln.

Sie erinnerte sich an den Meister, der ihr immer wieder geduldig gezeigt hatte, wie man Schubladen und Stühle verleimt. Er war es auch gewesen, der ihr Schaukelpferd repariert und ihre Tränen getrocknet hatte, nachdem ihre beiden großen Brüder ihren »Moritz« zerlegt hatten. Da war ihr jüngster Bruder Rolf noch gar nicht geboren gewesen, überlegte Eva.

Sie drehte sich langsam weiter, ihre Augen ruhten auf dem großen Ölbild, das auch schon hinter dem Schreibtisch hing, seit sie sich erinnern konnte. Sie suchte das Mädchen auf dem Bild neben dem finsteren Schwarzwaldhaus, das mit den roten Bommeln auf dem Hut. Es war der einzige bunte Tupfer auf dem düsteren Gemälde, das von hohen alten Bäumen geprägt wurde.

Holz überall. Holz war immer der Mittelpunkt der Familie Hoffmann gewesen. Tischler seit Generationen.

Erstmals führte ein Betriebswirt als Erbe die Firma, die sich vom Handwerksbetrieb zur mittelständischen Möbelfabrik mit 150 Mitarbeitern entwickelt hatte. Spezialgebiet: Tische aller Art, vom Sekretär bis zum massiven Esstisch.

Eva wunderte sich, dass dieses Büro völlig unverändert gelassen worden war; obwohl ihr Bruder ansonsten alles gründlich modernisiert und sich dabei wohl finanziell übernommen hatte. Jetzt, so hatte sie zuletzt gehört, stand die Firma jedenfalls kurz vor dem Verkauf an eine Investmentfirma.

Sie sah auf die Uhr. Um zwölf, hatte Rolf gestern am Telefon gesagt, würde er Zeit für sie haben.

»Aber nicht lange«, hatte er ungeduldig hinzugefügt.

›Du wirst dir Zeit nehmen müssen‹, dachte Eva grimmig.

Sie hatte Rolfs Sekretärin Bescheid gesagt, dass sie im Büro des Vaters warten würde. Jetzt war es schon fünf nach zwölf. Eva zog die oberste Schublade des Schreibtischs auf. Bis auf ein paar alte Bleistifte und einige Büroklammern war sie leer. Der Geruch aber war der gleiche wie seit Jahrzehnten, etwas muffig, nach altem Leim und vergilbtem Papier. Eva schloss die Augen und zog den Atem tief ein.

Plötzlich sah sie sich, wie sie vor knapp einem Jahr innerhalb von Stunden ihre paar persönlichen Unterlagen aus dieser Schublade zusammensuchte und fast fluchtartig die Firma verließ.

Sie ließ die Luft aus dem Brustkorb entweichen. Hinter ihrem Rücken, während sie sich in einer Klinik von einem Burnout erholte, hatte Rolf sie damals aus dem Unternehmen gedrängt.

Sie wollte gerade die nächste Schublade öffnen, als

Rolf zur Tür hereinkam. Sie zuckte zusammen, als sei sie bei einem Einbruch ertappt worden.

»Hier bist du – hätte ich mir denken können«, sagte er kurz.

Eva wollte aufstehen, zögerte, wusste nicht, wie sie ihn begrüßen sollte. »Hallo«, sagte sie nur.

Da nahm er schon auf dem ebenfalls schweren, ledernen Besucherstuhl Platz. Er sah müde aus, ließ die Schultern hängen. Dünner geworden war er in den letzten acht Monaten, in denen sie sich nicht gesehen hatten. Sein dunkelbrauner Anzug schlotterte fast. Und in die Wut, die sie ihm gegenüber empfand, mischte sich eine Spur Mitleid. Bewegungslos beobachtete sie ihn.

»Manchmal habe ich dich gehasst, wenn du da so gethront hast.« Rolf war es, der als Erster sprach. Eva glaubte, sich verhört zu haben.

»Wie bitte? Du mich?«

Er nickte langsam. »Genau die gleiche herablassende Art, wie Vater sie mir gegenüber immer an den Tag gelegt hatte.«

Eva schluckte. Und ihre Wut verdrängte das Mitleid. Fortgewischt war ihre ganze Gelassenheit. »Du hast mich gehasst? Ich glaube, du spinnst. Wer hat dir denn geholfen, diese verdammte Firma zu retten? Wer hat denn deine Fehler ausgebügelt? Deine Haut gerettet?« Ihre Stimme wurde schrill.

Er nickte müde mit dem Kopf. »Genau diese Art habe ich immer an dir gehasst. Ich, der kleine Doofe, und du, die Superkluge. Ich habe jahrelang Vaters Launen ausgehalten, habe mich herumkommandieren lassen. Ihr Geschwister habt euch ja bald verzogen, habt euer eigenes Leben gelebt. Und kaum ging es um das Erben, hast du ein paar Schwierigkeiten zum Vorwand genommen, bist zurückgekommen und hast hier die Chefin gespielt. Danke für deine Rettung. Ich habe dich nicht darum gebeten.«

Eva saß mit offenem Mund da. Das war doch wohl die größte Unverschämtheit, die ihr je begegnet war.

»Glaubst du wirklich, ich wollte dir die Firma streitig machen? Es war doch Papa, der mich inständig gebeten hatte, nach Köln zurückzukommen. Weißt du eigentlich, was das für mein Leben bedeutet hat? Ich habe in München alles aufgegeben. Und zum Dank ...« Ihr stiegen Tränen in die Augen, aber eher aus Wut denn aus Traurigkeit.

»Eine Runde Mitleid für meine arme Schwester«, Rolf lachte laut auf. Um dann auf seine Hände zu starren, die zu Fäusten geballt auf der schimmernden Tischplatte lagen.

»Du hattest dir doch ausgemalt, wie du dich hier breit machen kannst, Vaters Büro hattest du ja sofort nach deiner Ankunft okkupiert. Damit die Rangfolge gleich ganz klar war.«

Eva sah ihn fassungslos an. »Du weißt doch, dass dies das einzige freie Zimmer war, nachdem Papa sich zurückgezogen hatte?« Sie schwiegen beide.

Eva war verwirrt. Sie blickte ihren Bruder aufmerksamer an. Wo war der skrupellose Geschäftemacher, den sie erwartet hatte? Der kalte Rechner, der nur darauf aus war, einen guten Schnitt zu machen? Der mit Kusshand die ungeliebte Firma zu Geld machte? Auf diesen Mann hatte sie sich vorbereitet, hatte sich Argumente zurechtgelegt. Stattdessen sah sie ihren kleinen Bruder, der offensichtlich zutiefst verletzt war.

»Was hat dir Papa eigentlich damals gesagt, bevor ich zurückgekommen bin?« fragte sie leise.

Rolf starrte weiter auf seine Hände. Eva sah, wie sein Gesicht rot anlief. Ohne sie anzuschauen, begann er zu reden: »Er hat mich vor der gesamten Geschäftsleitung zur Sau gemacht, hat mir meine Unfähigkeit vorgeworfen ...« Er stockte.

Dann sah er ihr direkt ins Gesicht. »Er hat gesagt, dass es nur einen Menschen gebe, der die Firma retten könne, und das wärst du. Du wärst sowieso die einzige von uns Geschwistern, der etwas an der Tradition läge und die ein Herz für das Unternehmen hätte.«

Jetzt war es an Eva, rot zu werden. Sie schämte sich fast, Vaters Liebling gewesen zu sein. Sie wusste, dass ihre Brüder oft darunter gelitten hatten, wie sie sich Dinge herausnehmen konnte, die für die drei undenkbar waren. Trotzig stieß sie hervor: »Ach ja, und zum Dank hat Papa dir dann die Firma vererbt, da stimmt ja wohl was nicht, oder?«

Rolf zuckte mit den Schultern: »Da musst du Mutter fragen. Sie weiß wohl mehr darüber.«

Die Geschwister sahen sich an. Sie hatten die gleichen graublauen Augen, die gleichen blonden Haare (auch wenn Eva inzwischen nachhalf), und im Augenblick sah man ihren Altersunterschied fast nicht.

Eva erinnerte sich plötzlich, wie sie Rolf als Baby wie eine ihrer Puppen umsorgt hatte. Überall hatte sie ihn im Kinderwagen mitgeschleppt. Erst als sie in die Pubertät kam, hatte sie den kleinen Schreier, der immer mitwollte, als lästig empfunden. Einmal hatte sie ihn auf einem niedrigen Ast des großen Kirschbaums hinterm Haus abgesetzt und war mit einer Freundin spazieren gegangen. Als sie eine halbe Stunden später zurückgekommen waren, hatte Rolf heulend auf diesem Ast gesessen und war auch noch dankbar gewesen, dass sie ihn wieder heruntergeholt hatte. Sie schämte sich immer noch ein bisschen, wenn sie daran dachte.

Sie musste sich überwinden zu sprechen. »Aber, Rolf. Ich wollte dir nichts wegnehmen. Glaub mir, wenn Papa mich nicht so eindringlich gebeten hätte, wäre ich niemals nach Hause zurückgekommen. Aber ich dachte, du, er, also ihr braucht mich.«

Das erste Mal verzog Rolf sein Gesicht zu einem kurzen schmerzvollen Lächeln. »Na ja, das war dann wohl auch so. Ich war ja unfähig, Vater etwas recht zu machen.«

Sie beantwortete vorsichtig sein Lächeln, und plötzlich löste sich die Spannung ein wenig. Nachdenklich sagte sie: »Wir waren doch aber auch ein prima Team, damals, findest du nicht?«

Er nickte leicht. »Na ja, eine Zeit lang wohl schon. Aber ich habe mich immer mehr in deinem Schatten gesehen. Du hast die Kunden beruhigt, du hast die Lieferanten zurückgeholt, du hast den Laden geschmissen. Ich durfte zwar weiter den Geschäftsführer spielen, aber du hattest ganz schnell alle Fäden in der Hand. Dein Wort war Gesetz.«

Eva schüttelte den Kopf. »Geh, war ich wirklich so schlimm?«

Rolf warf den Kopf zurück und lachte bitter. »Noch viel schlimmer. Bismarck war ein Basisdemokrat im Vergleich zu dir. Weißt du, wie die Mitarbeiter dich heimlich genannt haben?«

Eva schüttelte verwirrt den Kopf.

»Die Generalin.«

»Oh, nein!« Sie schüttelte erneut den Kopf. Natürlich hatte sie damals energisch durchgreifen müssen, aber sie war ja auch nicht geholt worden, um einen Schmusekurs zu fahren. Auf das Führungsteam um ihren Bruder hatte sie sich nicht verlassen können, die hatten schließlich zur Misswirtschaft beigetragen. Sie musste immer allein entscheiden, und zwar immer schnell. Es ging ums Überleben. Sie hatte sich erst während ihrer Auszeit Gedanken um Führungsstile gemacht, über den Umgang mit Mitarbeitern, über Kommunikation. Ihr kam ein Satz von Max Weber in den Sinn, den sie vor kurzem gelesen hatte: Macht ist die Fähigkeit, den eigenen Willen gegen den Widerstand anderer durchzusetzen.

»Warum hast du mir das damals nicht gesagt?«

Rolf richtete sich ein wenig auf. »Habe ich versucht, aber du hast mir oft genug gezeigt, dass du auf meine Meinung keinen Wert legst.« Er zuckte mit den Schultern.

Eva dachte an die Zeit, in der sie sich mit Haut und Haaren ins Geschäft geworfen hatte. Sie überlegte, welche Rolle Rolf damals gespielt hatte. Eigentlich hatte sie ihn kaum wahrgenommen, hatte ihm nur die Schuld an der schlechten Situation gegeben. Für sie war es immer noch die Firma ihres Vaters gewesen.

»Rolf, es tut mir Leid, du hast wohl Recht. Ich wollte Papa vermutlich beweisen, dass ich die Beste bin, und habe dabei vieles ausgeblendet. Auch deine Rolle. Aber wie musst du dich gefühlt haben …?«

Sie kämpfte kurz mit sich, stand dann auf und ging um den schweren Schreibtisch herum. Sie lehnte sich neben seinen Stuhl, sah ihm ins Gesicht und streckte ihre Hand aus: »Verzeih mir, ich wollte dich damals nicht zur Seite drängen. Ich wollte nur helfen, oder beweisen, ach was weiß ich …«

Er stand ebenfalls auf, nahm zögernd ihre ausgestreckte Hand, räusperte sich verlegen. »Das glaube ich dir sogar, es war nur so demütigend. Ich weiß, dass es nicht deine Schuld war, Vater hat es immer verstanden, uns gegeneinander auszuspielen. Und du hast es ja auch wirklich geschafft. Wenn ich ehrlich bin, war ich sehr neidisch auf dich. Und andererseits, ich, also ich hätte dich auch nicht ...«

Jetzt war es an ihm zu stottern.

Eva zog ihre Hand aus der seinen.

»Du hättest mich nicht so gemein kalt stellen sollen, als ich krank war?« Herausfordernd sah Eva ihren Bruder an, sie spürte wieder Enttäuschung und Wut in sich aufsteigen.

Er nickte. »Ja, ich habe mich fies benommen, aber das habe ich erst später begriffen. Ich weiß auch nicht, was mit mir los war, aber ich sah nach Vaters Tod die Chance, jetzt endlich mal selbst zu beweisen, was ich kann. Vor allem, weil du damals ziemlich fertig warst. Es tut mir Leid.« Seine Mine verdunkelte sich. »Und nun habe ich es wohl erneut versaut.«

Eva setzte sich auf die Schreibtischplatte. Sie musste den aufkommenden Ärger hinunterschlucken. »Erzähl mal, wie ist der aktuelle Stand, wie steht es um die Firma?«

Mit ein paar kurzen Sätzen berichtete Rolf von der Entwicklung. Eine Investmentfirma, die von der Insolvenz bedrohte Familienunternehmen aufkaufte, war bis vor kurzem interessiert gewesen, das wusste Eva. Doch dann hatte man sich nicht über den Preis einigen können. Jetzt hing die Hoffmann GmbH in der Luft, die Banken drängelten, die Mitarbeiter fürchteten um ihre Arbeitsplätze, die Führungskräfte waren müde und frustriert.

Eva traute sich nicht zu fragen, wie es erneut dazu kommen konnte. Rolf wirkte zu deprimiert. Das hatte Zeit.

»Und warum bist du gekommen?« fragte er genau in ihre Gedanken hinein.

Sie sah ihn lange an. Bis vor kurzem war es ihr völlig klar gewesen. Warum war sie jetzt so durcheinander?

»Eigentlich«, begann sie zögernd, »wollte ich nur mein Erbteil. Ich muss mir ein neues Leben aufbauen. Ich denke daran, zurück nach Berlin zu gehen.«

»Berlin?« Rolf runzelte die Stirn.

»Ja, dort war ich die letzten Monate. Hat Mama dir das nicht erzählt?« Er schüttelte den Kopf.

»Ich brauchte einfach eine Auszeit. Brauchte Abstand. Musste mich sammeln. Ich war fix und fertig. Die Stadt hat mir gut getan, ich habe dort sehr nette Menschen getroffen ...«

Eva musste lächeln, als sie an die Tage im Park zurückdachte, auf ›ihrer‹ Bank, mit den vielen guten Gesprächen. Sie dachte an Stefan und Sonja, ihre neuen Freunde, die ihr angeboten hatten, ihr bei der Jobsuche zu helfen, und dann an Michael ... Sie wurde ganz weich, als sie an diesen Mann dachte, der ihr zu einem sehr lieben Freund geworden war. Und vielleicht mehr werden konnte.

Rolf riss sie aus ihren Gedanken. Seine Stimme war jetzt wieder schärfer: »Das heißt, du willst also nur Geld und dich dann aus dem Staub machen?«

»Was?« Eva schüttelte den Kopf. »Was heißt hier ›aus dem Staub machen‹? Du hast mich doch gefeuert! Und schließlich habe ich ein Recht auf mein Erbteil«, fügte sie wütend hinzu.

Rolf hob begütigend die Hände. »Ja, du hast ja Recht. Aber wenn ich jetzt noch einmal Geld aus der Firma ziehen muss, dann sind wir endgültig pleite.«

»Willst du denn nicht mehr verkaufen?« Eva wurde plötzlich hellwach. Sie sah ihn aufmerksam an.

»Natürlich muss ich verkaufen – eigentlich. Aber wer

nimmt denn einen hoch verschuldeten Betrieb, wenn auch noch Erbstreitigkeiten auftauchen? Nach dir kommen dann wahrscheinlich auch noch unsere beiden anderen Brüder und wollen ihren Anteil.«

Eva dachte an ihre großen Brüder, die sich sehr früh mit dem Vater überworfen hatten und ihren eigenen Weg gegangen waren. »Aber du glaubst doch selbst nicht, dass die plötzlich hier auftauchen?«

»Wer weiß, wenn die mitkriegen, dass hier alles auseinander bricht? Du kannst übrigens alles verkaufen, was im Lager steht, wenn du willst«, sagte Rolf achselzuckend. »Nimm dir doch, was dir gefällt.« Er ließ sich in den Stuhl zurückfallen, schloss die Augen.

Plötzlich wurde Eva sonnenklar, was sie wirklich wollte. Sie wollte kein Geld. Sie wollte nicht zusehen, wie dieses Traditionsunternehmen von der Bildfläche verschwand. Das Holz musste schuld sein, diese Möbel, dieser Raum. Sie spürte die tiefe Verbundenheit zu ihren Wurzeln. Und sie sah sich plötzlich wieder in diesem Büro sitzen, sehnte sich danach, noch einmal zu beweisen, dass die Hoffmanns nicht aufgeben, sondern kämpfen würden.

›Bist du wahnsinnig?‹ schimpfte sie sich selbst. ›Und am Schluss bist du wieder die Dumme, die gehen darf, wenn alles läuft? Oder bist wieder die böse große Schwester, die dem armen kleinen Bruder vorschreibt, was er zu tun hast? Oder die gnadenlose Generalin, die hier wieder alle rumkommandiert, um diese verdammte Bude zu retten?‹

Doch sie spürte, dass dies ein erfolgloser Abwehrkampf in ihrem Inneren war.

Eva sprang vom Schreibtisch, lief zum Fenster und zurück, in ihrem Kopf überschlugen sich die Gedanken.

Warum sagte sie nicht einfach »Gib mir mein Geld und ich verschwinde«? Sie wollte nach Berlin, wollte ganz neu anfangen. Wollte zu Michael, wollte glücklich sein.

Sie blieb vor dem alten Bild stehen, starrte auf das Mädchen neben dem Schwarzwaldhaus mit dem roten Bommelhut. Holz, das verdammte Holz. Sie spürte diesen Sog, der vom Holz, von der Firma ausging. Fürchtete sich. Spürte ihr Herz heftig schlagen. Und eine tiefe Sehnsucht.

Sie hörte sich die Worte sagen, bevor sie diese denken konnte: »Und wenn ich wieder mit einsteigen würde? Könntest du dir vorstellen, dass wir zusammen doch noch die Firma retten könnten?«

Rolf fuhr zu ihr herum. »Was sagst du?«

Sie erschrak über ihre eigenen Gedanken. Fuhr aber mutig fort: »Ich meine, wenn wir noch einmal ganz neu anfangen? Wenn wir gemeinsam versuchen ...? Meinst du nicht, dass wir eine Chance hätten, unsere Firma nicht nur zu retten, sondern sie zu einem wirklich erfolgreichen Unternehmen zu machen?«

Sie sah Rolf aus den Augenwinkeln an. Aufgewühlt wartete sie auf seine Antwort. Was, wenn er jetzt höhnisch lachen würde? Wenn er sagen würde »Na, dann verkaufe ich doch lieber«?

Aber Rolf sagte erst einmal gar nichts. Sondern starrte jetzt ebenfalls auf das Schwarzwaldbild.

Deshalb redete sie weiter, tastete sich nach und nach vor, wurde dabei immer klarer im Kopf. »Wir müssten natürlich ganz klare Spielregeln vorher vereinbaren. Müssten klare Grenzen setzen, Zuständigkeiten festlegen. Müssten uns anschauen, warum es das letzte Mal schief gelaufen ist. Müssten miteinander reden, absolut ehrlich zueinander sein. Ich hatte ja genug Zeit, um über mein Leben nachzudenken, und habe entschieden, dass drei Grundwerte für mich wichtig sind: Ehrlichkeit, Mut und Wertschätzung. An ihnen versuche ich mein Handeln auszurichten. Auf Basis dieser Werte könnten wir zusammenarbeiten.«

Jetzt drehte sie sich ganz zu Rolf um und sah ihn an. Wartete. Wunderte sich über ihren eigenen Mut.

Dann begann er zu sprechen, leise, unsicher. »Traust du mir das wirklich zu? Oder hast du nur Mitleid mit mir?« Er sah sie kurz an. »Okay, blöde Frage. Aber ich bin inzwischen so misstrauisch geworden. Traue niemandem mehr. Am wenigsten mir selbst. Glaub mir, ich bin verzweifelt. Vielleicht bin ich doch Deutschlands Dümmster, wie Vater mich als Kind manchmal genannt hat. Weißt du das eigentlich?«

Eva spürte einen Stich, nein, sie schüttelte den Kopf, das hatte sie nicht gewusst, oder vielleicht hatte sie es verdrängt.

Rolf redete langsam weiter. »Ich wollte die Firma groß machen, habe investiert. Leider habe ich auf ein paar Leute gehört, die es angeblich gut mit mir meinten. Und habe verloren.« Er versank wieder in düstere Gedanken.

Langsam ging Eva zu Rolf hinüber. Legte ihre Hände auf seine Schultern und sagte leise. »Nein, noch hast du eine Chance. Und jetzt bist du nicht mehr allein. Wenn du willst, werden wir es gemeinsam versuchen.«

Rolf dreht sich zu ihr um. »Ich weiß nicht, ob ich noch mal die Kraft dazu habe. Und den Mut? Mut, tja. Ehrlichkeit, ach ja. Und was war das Dritte?«

»Wertschätzung«, sagte sie. »Du kannst auch sagen Liebe – oder Hingabe. Leidenschaft für das, was man tut. Und Wertschätzung für Menschen.«

»Hm, klingt gut.« Rolf lächelte sie versonnen an. »Ein

schöner Traum.« Er wurde wieder ernst. »Ich muss darüber nachdenken. Mit diesem Vorschlag habe ich nicht gerechnet.«

»Ich auch nicht«, sagte Eva. Und es stimmte.

»Nimm dir Zeit zum Nachdenken. Darf ich mich währenddessen in der Firma etwas umsehen? Ich muss mir ja auch noch mal überlegen, was ich da vorgeschlagen habe. Möchte einen Eindruck gewinnen, mit ein paar Leuten reden. Ist das okay für dich?«

Rolf nickte. »Ich glaube schon. Ja. Tu das. Red mit wem immer du willst. Lass dir alle Zahlen geben, die du brauchst. Ich gebe dir alle Informationen, die du möchtest. Du wirst dann ja schon sehen. Wie lange brauchst du? Zwei Tage, drei?«

»Ja, so etwa. Und du?«

»Ja, das reicht mir auch. Wir können uns am Donnerstag zusammensetzen. Ich halte mir den ganzen Tag frei, wenn du willst.« Er macht eine kleine Pause. »Du weißt, was du dir antun würdest?«

Eva lächelte schief. Zögerte. Nickte langsam.

Rolf schaute sich um. »Und natürlich kannst du Vaters Büro benutzen, ich lasse dir noch heute einen PC hineinstellen und alles, was du sonst brauchst.«

»Danke.«

Die Geschwister schwiegen, sahen sich an. Und beide wussten, dass sie sich bereits entschieden hatten, die Hoffmann GmbH zu retten.

Ratlose Manager
und einer ist sogar stinksauer

Am nächsten Morgen erwachte Eva wieder früh, und um sieben Uhr war sie bereits auf dem Firmengelände. Die Sonne schickte ihre ersten Strahlen auf die alte verwitterte Steinbank vor der Verwaltung, Spatzen lärmten in den Büschen. Eva setzte sich und beobachtete die Mitarbeiter, die zur Arbeit kamen. Sie wollte ihre Gesichter sehen, ihren Schwung, ihre Erwartungen an den Tag.

Was sie sah, stimmte sie nicht zuversichtlich. Die meisten Gesichter waren leer, viele sahen müde aus. Manche kamen zu zweit, unterhielten sich leise. Manche sahen verwundert zu ihr hinüber, wenige grüßten sie scheu. Manche drehten sich noch einmal zu ihr um, heute gab es auf jeden Fall Gesprächsstoff in der Firma.

Um viertel nach sieben kam Karl-Heinz Schmidt, der Prokurist und Vertraute ihres Vaters, der seit ewigen Zeiten die Buchhaltung leitete. Er war etwas untersetzt und trug einen grauen Haarkranz über seinem freundlichen, immer etwas geröteten Gesicht. Wie meist trug er seine alte braune Aktentasche bei sich. Sie schätzte ihn auf Anfang 60.

»Eva«, seine Augen leuchteten auf. »Du bist wieder da? Wie geht es dir?«

Sie freute sich sehr, ihn als Ersten der Führungsriege zu treffen.

»Kalle, wie schön. Gut, dich zu sehen. Komm, setz dich einen Augenblick zu mir.«

Sie mochten sich, hatten sich immer schon gemocht. Und Kalle war auch ihre Kontaktperson in der Firma gewesen, als sie in Berlin lebte. Er setzte sich neben sie auf die Bank und sah sie gespannt an.

»Kommst du, um abzurechnen? Hast du Rolf schon getroffen?«

Eva musste lächeln. Sie schüttelte den Kopf.

»Ach, Kalle, du weißt doch, manchmal kommt es anders, als du denkst.«

Sie erzählte ihm von dem Gespräch mit ihrem Bruder, der plötzlichen Wende und ihrer Idee, die Firma zu retten.

»Aber um mich wirklich entscheiden zu können, brauche ich deine Hilfe. Ich brauche die aktuellen Zahlen, brauche ehrliche Aussagen, wie es wirklich um den Betrieb steht, die Bedingungen der Banken. Kannst du mir bis heute Nachmittag die wichtigsten Informationen zusammenstellen?«

Der Prokurist kratzte sich am Hinterkopf.

»Rolf weiß Bescheid«, fügte Eva schnell hinzu.

Karl-Heinz Schmidt schaute weiter skeptisch. »Bist du sicher, dass du das Richtige tust? Es sieht nicht gut aus. Die Bank hat uns längst abgeschrieben. Es ist eine Frage der Zeit, wie lange wir noch die Gehälter zahlen können. Und dieser Struckmeier, der neue Kreditheini, ist gnadenlos. Die verlangen, dass wir die Belegschaft rigoros abbauen, die Kosten halbieren. Und ob sie uns dann, wenn wir das gemacht haben, kurzfristig genügend frisches Geld geben werden, ist auch fraglich.«

Sorgenfalten zerfurchten sein Gesicht. »Wenn das dein Vater wüsste ...«

Eva drückte ihm kurz die Hand. »Kalle, so ist es nun mal. Aber wir haben ja dich. Ohne dich wären wir doch schon beim letzten Mal draufgegangen.« Sie schenkte ihm ihr wärmstes Lächeln. »Vielleicht gibt es ja noch ein Wunder?« fügte sie hinzu.

Er lächelte müde. »Oh je, ich habe längst aufgehört, an so was zu glauben.«

»Na, dann müssen wir es halt selbst schaffen«, Eva setzte sich gerade auf. Sie versuchte, Optimismus auszustrahlen, aber seine Hoffnungslosigkeit machte ihr insgeheim Angst. »Kannst du mir bis um zwei den Bericht machen? Bitte.«

Karl-Heinz Schmidt stand seufzend auf, nahm seine abgeschabte braune Ledermappe und legte Eva die Hand auf die Schulter. »Kann ich machen, natürlich, wenn du dir das unbedingt antun willst.« Er sah sehr müde aus.

Eva machte weiter auf Optimismus. »Kalle, lass uns sehen. Das kriegen wir schon hin. Danke dir einstweilen.«

Als der Prokurist im Haus verschwand, atmete Eva tief aus. Sie stützte den Kopf in die Hände und dachte nach. Dass es wirklich so schlimm um die Firma stand, hatte sie nicht wahrhaben wollen. Wenn selbst der gute, alte Kalle die Hoffnung verloren hatte, na dann Mahlzeit.

Während Eva sich die Sonne auf den Rücken scheinen ließ und besorgt über die Hoffmann GmbH nachsann, kam pfeifend ein Mann den Weg entlang. Eva schreckte aus ihren Gedanken auf. ›Fred Schnabel. Dem vergeht wohl nie die gute Laune,‹ dachte sie und fühlte sich auch gleich wieder selbst viel besser. Der Logistikchef war ein Sonnyboy, Ende 30, ein Kommunikationstalent. Seine

Leute gingen für ihn durchs Feuer. Er trug Jeans und ein kariertes Sporthemd. Meistens kam er mit dem Fahrrad, alle Statussymbole waren ihm schnuppe.

Er leitete die firmeneigene Spedition, war Herr über das Lager mit den Hoffmann-Produkten, und wehe, jemand funkte ihm da ungefragt hinein. Sie beide verband nach einigen Zusammenstößen freundschaftlicher Respekt. Außerdem war er immer für einen Flachs gut.

Eva erinnerte sich, dass er Unmögliches möglich gemacht hatte, als es damals darum ging, verärgerte Kunden wieder zurückzugewinnen. Er hatte nächtens selbst mit angepackt und Lastwagen beladen, damit die Lieferungen pünktlich rausgingen, ohne ein Wort der Klage. Nie würde sie ihm das vergessen. Ja, sie mochte ihn sehr. Auch wenn er ein kleiner Hallodri war, der Formalitäten und Papierkram eher lästig fand, ein Schlamper am Schreibtisch, ein Genie in der Planung.

Fred Schnabel kam mit ausgestreckten Händen auf sie zu. »Frau Hoffmann, was für eine Freude, Sie zu sehen. Die Sonne geht auf. Wir haben Sie vermisst.«

Sie strahlten sich an.

»Ich Sie auch, Fred, glauben Sie mir. Wie läuft's?«

Sein Gesicht bewölkte sich. Mit einem Blick auf das Backsteingebäude fragte er: »Waren Sie schon drin?«

Eva nickte ernst. »Ja, ich weiß Bescheid.«

»Na, dann wissen Sie ja auch, dass es zappenduster ist.« Er verzog das Gesicht. »Matthäi am letzten, sozusagen.«

Jetzt musste sie doch lachen. »Ja, sozusagen. Aber wenn ich Sie sehe, habe ich keine Bange.« Sie wurde wieder ernst. »Geben Sie uns überhaupt noch eine Chance? Können Sie sich vorstellen, dass wir es noch einmal ...«, sie machte ihn nach, »wuppen können?«

Fred Schnabel überlegte. »Sind Sie dabei?« fragte er. Eva wurde wieder ernst. »Ich denke darüber nach. Ich glaube, wenn es irgendeine Chance gibt, dann ja.«

Sein Gesicht verzog sich zu einem breiten Lächeln: »Wenn Sie mitmachen, dann wuppen wir es vielleicht. Das haben wir doch schon mal geschafft. Erinnern Sie sich an unsere heißen Nächte?« Er grinste leicht anzüglich. Doch sie konnte ihm nicht böse sein. »Aber, Sie dürfen uns nicht wieder verloren gehen«, fügte er ernst hinzu.

»Ach, Fred, die Geschichte erzähle ich Ihnen mal in Ruhe, wie ich verloren ging, wie Sie es nennen, wenn wir mal ganz viel Zeit haben. Jetzt heißt es wohl erst mal, Ärmel hochkrempeln. Kann ich auf Sie zählen?«

Er überlegte kurz. »Yes, Sir, äh, Madam!« Er salutierte im Spaß vor ihr.

Eva musste sich bemühen, ernst zu bleiben. »Dann brauche ich bitte bis heute Nachmittag, sagen wir 15 Uhr, einen Bericht von Ihnen zu Spedition und Lager? Schaffen Sie das? Ich hätte gerne Ihre persönliche Einschätzung, was wir in Ihrem Bereich verbessern können. Und dazu auch ein paar Ideen für das ganze Unternehmen.«

»15 Uhr? Au jau. Muss ich halt ein bisschen was delegieren. Geht schon. Bekommen Sie, Frau Hoffmann.« Winkend ging Fred Schnabel ins Haus.

›Ein Pluspunkt in diesem Unternehmen, keine Frage‹, dachte Eva über den Logistikchef, als sie einen möglichen weiteren auf sich zukommen sah. Christine Opalka, die Eva vor drei Jahren zur Chefin der Qualitätssicherung gemacht hatte. »Frau Hoffmann, es stimmt also, was der Flurfunk gemeldet hat. Wie geht es Ihnen?«

Eva mochte die junge Ingenieurin, die sich unter den manchmal etwas groben Männern in der Produktion sehr schnell Achtung verschafft hatte. Sie war bestimmt einen Meter achtzig groß und konnte durch ihre dunkelgraue Hornbrille sehr böse schauen, wenn sie wollte. Meistens wollte sie nicht. Sie dirigierte ihre Kollegen wie eine gute Dompteurin ihre gutmütigen, aber nicht ungefährlichen Löwen, fand Eva. Ganz selten musste sie mit der Peitsche knallen, aber wenn, dann tat sie es sehr effektvoll.

Eva erzählte von ihren Überlegungen, und Christine Opalka schien sich wirklich zu freuen. »Es ist gut, dass Sie wieder da sind«, sagte sie einfach.

»Na, schauen wir mal. Ich brauche auch Ihre Hilfe, können Sie mir bis heute Nachmittag ein paar Seiten zusammenschreiben, woran Ihrer Meinung nach unser Unternehmen krankt? Worüber sich die Kunden beschweren? Oder die Mitarbeiter? Oder die Lieferanten? Was aus Ihrer Sicht getan werden muss oder kann, um zu retten, was zu retten ist?«

Christine Opalka sah sie skeptisch an. »Ich soll aufschreiben, was falsch läuft?«

Eva lächelte. »Ja, und ich bitte Sie um Ihre absolute Ehrlichkeit. Jetzt helfen uns kein Schönreden, keine Eitelkeiten und keine falsche Rücksichtnahme mehr. Ich brauche Ihre klare Einschätzung.«

Die Ingenieurin schien mit etwas zu kämpfen. »Ich weiß nicht, ob das Ihrem Bruder recht wäre? Ich überschreite nicht gern meine Kompetenzen.«

»Keine Angst. Mein Bruder weiß Bescheid und unterstützt mich bei meinen Recherchen.«

»Okay. Ach, ist ja fast eh schon egal. Wenn es weiter so den Bach runtergeht, bin ich meinen Job sowieso bald los. Bis um eins haben Sie meinen Bericht. Wo finde ich Sie?«

»Im Büro meines Vaters, also im ehemaligen, meine ich, also in meinem alten. Sie können mir auch eine E-Mail schicken. Rolf hat meine frühere Adresse wieder einrichten lassen.«

»Alles klar«, Christine Opalka erhob sich. »Na, dann viel Glück.«

›Werd ich wohl brauchen, wie's aussieht‹, dachte Eva, es erschien noch viel düsterer, als sie vermutet hatte. Alle waren ernüchtert und hoffnungslos. Es würde ein hartes Stück Arbeit werden, die frustrierte Führungscrew wieder zu motivieren.

Zu allem Übel kam jetzt auch noch Friedrich Watermann vom Parkplatz herüber. Er hatte sich vom Schreinerlehrling zum Betriebsleiter hochgearbeitet, war Mitte 50, gar nicht viel älter als Eva, aber es schienen Generationen zwischen ihnen zu liegen. Er hatte Eva früher immer wieder Steine in den Weg gelegt. Die heftigsten Auseinandersetzungen in ihrer Zeit als Vertriebschefin hatte sie mit ihm gehabt, hatte ihn als verknöchert, bärbeißig und starr im Denken erlebt.

Von niemandem in der Firma hatte sie damals den Eindruck, dass er ihr schaden wollte, von Fritz Watermann schon. Er war ihr von Anfang an feindselig gegenübergetreten. ›Offensichtlich mag er keine Frauen, die ihm Anweisungen geben dürfen‹, fügte sie in Gedanken hinzu. Watermann hatte einen großen Anteil an dem Stress, der sie damals in die Knie gezwungen hatte.

Er begrüßte sie, ohne das Gesicht zu verziehen: »Tag. Habe schon gehört, dass Sie hier wieder rumspuken.«

Eva bemühte sich, freundlich zu bleiben. Ihre Antwort fiel trotzdem harscher aus, als sie beabsichtigt hatte. »Ja, das kann ich Ihnen nicht ersparen.«

Er zuckte die Schultern, dreht sich ab und wollte ins Haus gehen. Eva hielt ihn auf.

»Herr Watermann, einen Augenblick noch. Ich brauche bis heute Nachmittag von Ihnen Informationen über die Auftragslage, die Auslastung der Produktion und die Bestände. Bitte schicken Sie die an meine alte Mail-Adresse. An die erinnern Sie sich bestimmt noch.«

»Ist das mit Rolf, ich meine, ist das mit dem Chef abgesprochen?« Das Wort Chef betonte er ausdrücklich.

»Ja, das ist es. Bis 14 Uhr brauche ich die Zahlen. Danke.«

›Der wird in diesem Leben nicht mehr mein Freund‹, dachte Eva grimmig. Jedes Gespräch mit ihm hinterließ in ihr ein Gefühl der Niedergeschlagenheit, es machte ihr Stress. Sie hatte sich oft überlegt, warum ihr Vater gerade ihm die Betriebsleitung übergeben hatte. Vielleicht weil er so hart war, dachte sie.

Aber es war gefährlich, sich ihn gleich wieder zum Feind zu machen. Sie bedauerte ihre Schroffheit. Andererseits würde es ihr auch nichts nützen, das kleine Frauchen zu geben, dann würde er sie überhaupt nicht ernst nehmen. In ihr erwachte Kampfgeist. »Wenn du streiten willst, dann streiten wir«, murmelte sie hinter ihm her und ballte die Faust.

Eva stand auf. Die Bank war doch ziemlich hart. Eva streckte sich wie eine Katze und versuchte, die belastenden Gedanken abzuschütteln. Sie musste heute noch viel erledigen.

Langsam schlenderte sie über das Firmengelände. Es gab noch einige, mit denen sie heute unbedingt sprechen wollte. Sie betrat die Produktion und ging suchend durch die Halle. Die Maschinen glänzten noch, so neu waren sie. Alles auf dem modernsten Stand der Technik. Das hatte einiges gekostet. Eva fragte einen jungen Mann, den sie nicht kannte, nach Jochen Bohne, dem Betriebsratsvorsitzenden, der als interner Meister in der Produktion arbeitete.

»Der ist nicht da.«

»Wo ist er denn?«

»Weiß ich nicht.«

Aha, Eva ging weiter zum Büro des Betriebsleiters. Fritz Watermann saß mit versteinerter Mine am PC, wahrscheinlich schrieb er schon an dem Bericht für sie.

»Herr Watermann, können Sie mir sagen, wo ich Herrn Bohne finde?«

Er schaute nicht einmal auf. »Hier nicht.«

»Hätten Sie die Güte, mir zu sagen, wo dann?« Sie hörte selbst die Schärfe in ihrer Stimme. Und sie hatte auch keine Lust mehr, nett zu sein.

»Woher soll ich das wissen?« blaffte er zurück.

Eva schüttelte den Kopf. »Er arbeitet doch in Ihrer Abteilung? Oder nicht?«

Fritz Watermann drehte sich ruppig zu ihr um. »Na und? Der macht doch sowieso, was er will, seit er Betriebsratsvorsitzender ist. Wahrscheinlich hockt er wieder im Betriebsratsbüro.« Er funkelte sie böse an.

»Danke für Ihre Auskunft«, sagte Eva sarkastisch und wandte sich zum Gehen. Wo war das Betriebsratsbüro? Peinlich, das hätte sie schon früher wissen müssen. Sie hatte viele Fehler gemacht, so viel stand fest. Friedrich Watermann jetzt aber nach dem Betriebsratsbüro zu fragen, das wollte sie auch nicht.

Eva ging grübelnd aus der Halle. ›Wie gehen denn die Menschen hier miteinander um?‹ dachte sie. ›Was herrscht hier eigentlich für ein Ton?‹ Dann fiel ihr wieder Jochen Bohne ein, und sie versuchte sich zu erinnern, wie sie in der Zeit ihrer »Herrschaft«, so nannte sie es selbst inzwischen, mit ihm umgegangen war. Na ja, so ein Kommunikationsgenie war sie ja wohl damals nicht gewesen, das hatte sie nun verstanden. Und mit dem Betriebsratsvorsitzenden gab es natürlich öfter Auseinandersetzungen. Er war ein rechter Dickkopf, ein Profilneurotiker. Sie waren einige Male böse aneinander gerumpelt. Sie hatten sogar wieder angefangen, sich offiziell zu siezen, obwohl sie sich früher mal gut gekannt hatten.

Sie dachte an den jungen feschen Lehrling, den sie als Teenager bewundert – und der sie hinter dem Bretterstapel einige Male geküsst hatte. Sie spürte, wie sie leicht errötete. Aus der scheuen Verliebtheit war nie etwas geworden. ›Dazu hatten wir beide zu viel Respekt vor meinem Vater‹, dachte sie grimmig. Jochen hatte früh geheiratet, hatte drei Kinder, das wusste sie, und wahrscheinlich hatte er inzwischen auch schon Enkelkinder.

Sie ließ sich am Empfang sagen, wo sie das Büro finden konnte. War sie denn früher nie dort gewesen? Sie konnte sich nicht erinnern. Wenn sie etwas von Bohne gewollt hatte, hatte sie ihn herbeizitieren lassen. »Aber die haben gerade Sitzung«, fügte der Pförtner hinzu. »Die geht meist bis zum frühen Nachmittag.«

Auch wenn die Kämpfe mit dem Betriebsrat nicht immer einfach gewesen waren, eins hatte Eva in Erinnerung: Jochen war ein Kämpfer mit offenem Visier, sein Wort galt. Wenn sie es nicht schaffte, ihn auf ihre Seite zu ziehen, konnte sie alle Rettungsversuche gleich in den Wind schreiben.

Sie ging in ihr altes Büro, sie nannte es in Gedanken schon wieder so. Rolf hatte Wort gehalten. Es war mit PC und Telefonanlage ausgestattet, eine aktuelle Telefonliste lag auf der dunkelgrünen ledernen Schreibunterlage. Die Fenster standen weit offen, die warme Spätsommerluft vertrieb das Muffige. »Hol dir alle Informationen, die du brauchst«, stand in Rolfs Schrift auf einem Zettel. Das würde sie tun.

Kapital trifft Arbeit
und es kracht

Den ganzen Tag hatte Eva telefoniert, einen Besuch bei Herrn Struckmeier, dem Banker, vereinbart, hatte die Berichte gelesen, die nach und nach bei ihr eingetrudelt waren, hatte mit Kalle über seine Zahlen gesprochen. Und auch nicht vergessen, ihrer Mutter Bescheid zu sagen, dass sie im Haus war. Sie würde sie am Abend treffen.

Das Verhältnis zu ihrer Mutter war nicht besonders gut, eher von einer gereizten Oberflächlichkeit bestimmt. Nicht dass sie sich stritten. Aber ihre Mutter hatte zu allem einen Kommentar, was ihre Tochter tat. Und ihr Lieblingssatz war »Ich an deiner Stelle ...« Wenn Eva das hörte, ging sie schon die Wände hoch. Sie waren nie ein herzliches Mutter-Tochter-Gespann gewesen. Eva war halt von Kleinauf Papas Tochter. Rolf, das Nesthäkchen, war eher Mamas Liebling gewesen.

Eva spürte, dass sie aufpassen musste, nicht wieder mit Haut und Haaren mit dieser Familie und mit diesem Unternehmen zu verschmelzen. Vielleicht wäre es besser, ihre Wohnung hier auf dem Firmengelände aufzugeben und sich etwas Schönes in der Stadt zu nehmen, dachte sie, um auch mal Abstand zu gewinnen, mal abends auszugehen.

Sie erinnerte sich an ihr kleines Apartment in Berlin, die netten kleinen Kneipen ringsumher, und wie viel Spaß es ihr gemacht hatte, dort zu sitzen und nur zu gucken. Oder um sich dort mit Michael zu treffen. Wie wunderbar war es gewesen, mit ihm zu reden. Plötzlich hatte sie Sehnsucht nach ihm.

Sie wählte seine Nummer in Berlin. Die Sekretärin ging dran. Er war in einer Konferenz. Ob sie etwas ausrichten solle? »Nein, ich versuche es später noch einmal.« Sie spürte den starken Wunsch, ihm alles zu erzählen. Und sehnte sich nach seinem klugen Rat. Er wusste so viel, er war in vielem so gelassen. Eva war es so leid, allein zu sein, niemanden zu haben, mit dem sie ihre Ängste teilen konnte, ihre Sorgen. Seit sie denken konnte, war sie immer die Starke gewesen, die anderen Mut machte, die andere führte. Dabei fühlte sie sich selbst oft so, ja wie eigentlich? So bedürftig, dieses Wort fiel ihr ein.

Um halb drei meldete Gabi Mockenheim, die Assistentin ihres Bruders, dass die Betriebsratssitzung zu Ende sei und Jochen Bohne noch im Büro sitze. Hatten die Wänden hier Ohren? wunderte sich Eva. »Ich meine nur, wenn Sie ihn heute noch sprechen wollen. Übrigens, ich freue mich, dass Sie wieder da sind«, fügte die junge Frau hinzu. Eva erinnerte sich, wie sie Gabi vor einigen Jahren zu ihrem hervorragenden Abschluss als Bürokauffrau gratuliert hatte. Sie war inzwischen eine zuverlässige Assistentin geworden.

»Ach sagen Sie, ist Heike, ich meine Frau Voss, im Haus?«

»Nein, die ist auf Geschäftsreise. Sie kommt morgen wieder, soweit ich weiß.«

Eva war einerseits erleichtert, andererseits ungeduldig. Sie musste mit Heike sprechen. Heike, ihr früherer Schützling, den sie gefördert und aufgebaut hatte, bis sie ihr, zusammen mit Rolf, den Job streitig gemacht hatte. Heute war Heike Vertriebsleiterin. Und sie hatten seit Evas Zusammenbruch nicht mehr miteinander geredet. Eva fürchtete sich vor diesem Gespräch fast am meisten.

Doch ihr nächstes würde auch nicht einfach werden. Eva ging hinüber in die alte Werkstatt. Dort hinten, in dem alten Holzlager, sollte sich das Büro befinden. Die Lehrlinge waren gerade beim Aufräumen. Eva grüßte, sie sahen ihr neugierig nach.

Etwas zu zaghaft, wie sie selbst fand, klopfte sie. Ohne eine Antwort abzuwarten, öffnete sie deshalb möglichst dynamisch die Tür. Jochen Bohne saß am Tisch und schrieb etwas. Ohne aufzuschauen, sagte er unfreundlich: »Kommen Sie ruhig herein. Ich habe schon gehört, dass Sie wieder da sind.«

Er schrieb weiter, während Eva die Tür hinter sich schloss. Sie sah sich um. Ein unfreundlicher, fensterloser Raum war das. Ein Tisch mit billigem Kunststofffurnier, das sah sie als Schreinertochter sofort, übersät mit Brandflecken, füllte fast den ganzen Raum. Dazu ein verschließbarer Schrank, sechziger Jahre, schätzte sie. Alles erhellt von einer gnadenlosen Neonleuchte. In der Luft stand kalter Rauch, den der eingebaute Ventilator nicht wegbekam.

An den Wänden vergilbte Poster zum Thema Arbeitssicherheit. Sehr einladend. Das einzig Neue war ein Computer, der auf einem alten Schreibtisch an der Wand stand.

Sie zog sich einen der Stühle heran, Echtholz wenigstens, aber wackelig, mindestens 30 Jahre alt, schätzte sie. Vielleicht war das einer von denen, die sie verleimt hatte. Als sie sich setzte, sah Jochen Bohne endlich auf.

Sein Gesicht war grau in diesem Licht. ›Meins wahrscheinlich auch‹, dachte sie.

Jochen Bohne strahlte die pure Ablehnung aus. Eva seufzte. Sie sahen sich eine Zeit lang an. Dann senkte er den Blick. »Was kann ich für Sie tun?«

Sie überlegte. Was wollte sie eigentlich von diesem Streithansel? Verständnis? Unterstützung? Natürlich, ohne die wäre ein Neuanfang sowieso unmöglich.

»Jochen«, sagte sie unumwunden. »Ich brauche deine Hilfe.«

Erstaunt blickte er wieder auf. Er zog die Augenbrauen hoch, was seinem Gesicht, das sowieso durch einen langen grauen Bart etwas von einem weisen Kamelgesicht hatte, eine arrogante Note verlieh. Seine Augen wirkten graugrün in diesem Licht, aber sie wusste, dass sie goldgrün gesprenkelt waren. An was man sich alles erinnert, wunderte sie sich kurz.

»Ich wüsste nicht, wobei ich Ihnen helfen könnte.«

Sie war kurz davor aufzubrausen. Aber sie wollte sich nicht streiten, wollte nicht wieder in die alten Kampfmuster verfallen. Deshalb fing sie einfach an zu sprechen.

»Du hast langsam die Nase voll von der Familie Hoffmann, kann ich mir vorstellen. Zu oft haben wir in der letzten Zeit für Unruhe und für Unsicherheit unter den Mitarbeitern gesorgt. Es läuft nicht mehr so rund wie in den langen Jahren unter Papas Regie. Aber die Zeiten sind auch anders.«

Er legte jetzt wenigstens seine Schreibarbeit weg und setzte sich im Stuhl auf.

Sie musste sich überwinden weiterzureden. »Mit Krisen haben wir ja langsam Erfahrung, aber wie es ausschaut, war es noch nie so ernst wie jetzt, oder?«

Er sah sie an: »Was wollen Sie von mir hören?«

Eva schöpfte Hoffnung. »Ich möchte mit dir über die Firma reden, was schief gelaufen ist, wie deine Beobachtungen sind, wie du die Lage einschätzt. Ich möchte von dir hören, ob du eine Idee hast, was wir tun können, um den Karren aus dem Dreck zu ziehen. Wie du die Stimmung unter den Mitarbeitern einschätzt. Ihre Bereitschaft, Opfer zu bringen.«

Jochen Bohne wollte aufbrausen, aber Eva brachte ihn mit einer Handbewegung zum Schweigen.

»Ich weiß, dass Fehler gemacht worden sind. Auch von mir. Ich bin dabei herauszufinden, ob es irgendeine Möglichkeit gibt, die Existenz der Firma und möglichst viele Arbeitsplätze zu retten. Wir können später in Ruhe über Schuldzuweisungen reden. Jetzt hilft das nicht weiter. Jetzt brauche ich eine kurze Einschätzung von dir, ob es sich überhaupt lohnt, dass ich mich noch einmal engagiere. Das überlege ich mir nämlich.«

Jochen Bohne sah sie jetzt spöttisch an. »Ist es Ihnen langweilig geworden als Ruheständlerin?«

Eva spürte Wut aufsteigen, ärgerte sich, dass er beharrlich beim Sie blieb, nahm sich aber zusammen. Er wollte Abstand, er wollte Kampf? Na gut, konnte er haben. »Sie meinen, als Rekonvaleszentin?« sagte sie scharf.

Jochen Bohne verzog das Gesicht.

»Ich weiß nicht, was Ihnen über mein Ausscheiden aus der Firma bekannt ist«, sie betonte das »Ihnen« absichtlich. »Aber Sie müssen wissen, dass es nicht freiwillig war.«

»Ja, ja, und der kleine Arbeiter muss Ihren Familienzwist dann ausbaden.« Bohne sah sie böse an.

»Nicht nur der«, sagte sie möglichst beherrscht. »Herr Bohne, ich frage Sie frei heraus: Sind Sie bereit, mir zu helfen, einen Überblick zu bekommen? Sehen Sie sich in der Lage, mir eine Einschätzung der Situation aus Ihrer Sicht zu geben? Sind Sie bereit zur Kooperation oder setzen Sie nur noch auf Konfrontation?«

»Wollen Sie mich erpressen?« fuhr er wieder auf.

»Nein, natürlich nicht. Aber ich weiß, dass wir gegen den Widerstand des Betriebsrats nicht die besten Chancen haben. Aber die Mitarbeiter auch nicht. Wenn wir uns zerfleischen, dann läuft uns die Zeit davon, und die Zeit läuft, das wissen Sie doch selbst.«

Eva machte eine Pause. Es fiel ihr schwer, den nächsten Satz zu formulieren. Noch vor zwei Jahren hätte sie sich lieber die Zunge abgebissen als die Charme-Offensive zu ergreifen. Jetzt setzte sie aber ihr schönstes Lächeln auf und sagte: »Und außerdem hast du einfach wahnsinnig viel Erfahrung. Ich brauche deinen kritischen Verstand.« Sie war froh, dass es sogar stimmte, was sie sagte.

Jochen sah sie misstrauisch an.

»Und Ihr Bruder?« fragte er dann kurz.

»Er überlegt auch, ob er weitermachen will. Ich weiß nicht, wie er sich entscheiden wird. Aber ich glaube, dass Verkaufen die schlechteste Lösung ist.«

Jochen Bohne dachte nach. Seine Hände spielten mit einem Lineal, das auf dem Tisch lag. Er rang offensichtlich um die richtigen Worte. Schließlich sah er auf.

»Darüber muss ich erst mit den anderen Betriebsratskollegen sprechen. Ich kann nicht allein entscheiden. Das dauert aber ein bisschen. Wir haben erst nächsten Dienstag wieder Sitzung.«

Eva wollte sich am liebsten die Haare raufen.

»Jochen«, ihre Stimme wurde eindringlich. »Herr Bohne, ich will mit Ihnen hier keine Betriebsvereinbarung schließen, jetzt noch nicht jedenfalls. Ich bitte Sie lediglich um Ihre Meinung als Mitarbeiter und«, sie traute sich kaum, es auszusprechen, »als alter Freund.«

Mein Gott, warum war er nur so starrköpfig?

»Kommt ein bisschen spät«, sagte er kühl.

Volltreffer. ›Danke, gebt es mir ruhig alle‹, dachte Eva und kämpfte mit einem Anfall von Selbstmitleid. Aber er würde es nicht schaffen, sie zu provozieren. Sie hatte sich vorgenommen, neu anzufangen, alle Chancen zu prüfen und die besten zu nutzen. Sie seufzte einmal kurz auf.

»Okay, Sie wollen eine Entschuldigung von mir? Können Sie haben. Es tut mit Leid, wenn ich in den letzten Jahren Fehler gemacht habe. Es tut mir Leid, wenn ich Sie und Ihre Arbeiterehre gekränkt habe. Ich entschuldige mich auch gleich noch für Rolf mit. Reicht Ihnen das fürs Erste?« Sie sah ihn herausfordernd an.

Plötzlich grinste er: »Na, Ihnen muss der Arsch ja ganz schön auf Grundeis gehen, dass Sie diese Schau hier abziehen. Dass es so schlimm um uns steht, habe ich dann doch nicht gewusst.« Er wurde wieder ernst und sah sie geringschätzig an.

Eva wusste nicht, ob sie böse werden oder lachen sollte. Sie entschied sich für das Lachen der Verzweiflung.

»Ja, richtig. Es geht uns schlecht. Wir brauchen Ihre Hilfe. Geht es Ihnen jetzt besser?«

Jochen zögerte nur einen Augenblick. »Also gut, was wollen Sie wissen?«

Sie sah sich im Zimmer um. »Können wir vielleicht woanders hingehen? Ich finde es hier so, so«, sie wusste nicht, wie sie es ausdrücken sollte, »so bedrückend.«

»Okay, wohin?« Er war jetzt wieder ganz distanziert.

In ihr eigenes Büro wollte sie nicht, das hielt sie taktisch für unklug, ein neutraler Raum wäre gut, aber keine Kneipe, wo andere zuhören konnten.

Sie sah auf die Uhr. »Was halten Sie davon, wenn wir an den Rhein fahren und ein Stück laufen?« Sie konnte frische Luft gebrauchen.

Jochen stutzte, kämpfte offensichtlich mit sich, nickte dann aber. »Treffen wir uns um vier am Parkplatz? Wir können mit meinem Wagen fahren.«

»Okay, bis dann.«

Während der Fahrt sprachen sie kein Wort. Eva merkte, wie er sie ab und zu von der Seite ansah. Aber sie schwieg beharrlich. Jochen parkte seinen Wagen in einer Sackgasse direkt am Rhein. Die Rheinauen lagen warm und einladend, allerdings schon mit einem ersten Hauch von Herbst vor ihnen.

»Viele Grüße von Uschi«, sagte er.

»Danke, wie geht es den Kindern? Habt ihr schon Enkelkinder?«

Das erste Mal heute strahlte Jochen. »Ja, zwei kleine Mädchen. Nancy ist drei, Lena ein Jahr alt.«

In Evas Herz tat es einen kleinen Stich. Sie hatte selbst keine Kinder, ihre Neffen und Nichten sah sie selten. Sie beneidete Jochen um seine Familie. Sie hatte erst nicht den richtigen Partner gehabt, dann ging die Karriere vor, dann war es zu spät. Und ihren Freund hatte sie auch verloren, als sie vor fünf Jahren nach Köln zurückgekommen war und sich in die Arbeit gestürzt hatte. Ihre private Bilanz sah also auch zappenduster aus. Seit Berlin zeigte sich allerdings ein Lichtstreif am Horizont. Michael – sie musste lächeln.

Munter sagte sie: »Also, wie siehst du, äh Sie, die Zukunft der Hoffmann GmbH?«

Jochen blickte ernst auf ein großes Motorschiff, das sich rheinaufwärts schob.

»Ihr Bruder«, aha, er blieb also beim distanzierten Sie, wie Eva bemerkte, »redet ja nicht mit uns vom Betriebsrat, aber natürlich haben wir Anspruch auf einige Informationen. Und mit dem Kalle Schmidt kann ich eigentlich auch ganz gut. Also, das schaut nicht positiv aus. Ihr Bruder hat offensichtlich viel Geld in ominöse Projekte gesteckt, in Partnerschaften, die uns neue Märkte erschließen sollten. Aber die Partner waren wohl eher Abzocker. Er ist ein bisschen naiv, oder?«

Eva zuckte nur mit den Schultern.

»Also, jedenfalls scheint kein Geld mehr in der Kasse zu sein, und es kam wohl schon bei einigen Rechnungen zu Zahlungsschwierigkeiten. Der Einkauf hat da nun richtige Probleme.«

»Und die Aufträge?«

»Da sieht es gar nicht so schlecht aus. Also, wir haben derzeit genug Arbeit. Und für nächstes Jahr gibt es einige interessante Neuaufträge, habe ich mir sagen lassen.«

»Aber der Bank reicht das nicht, die wollen, dass wir Personal abbauen.«

»Das habe ich mir gedacht. Und was ist mit den Verkaufsabsichten? Das wäre euch doch am liebsten, oder? Weg mit dem Kram, schönes Geld einstecken und ab an die Côte d'Azur.« Jochen lachte höhnisch.

Eva sah ihn böse an. »Glaubst du, dann würde ich mir den Stress antun und bei dir zu Kreuze kriechen? Glaubst du das wirklich? Meinst du nicht, ich könnte mein Leben angenehmer gestalten?«

Er ließ sich nicht beeindrucken. »Tun Sie's doch.«

Sie seufzte, nahm einen Stein vom Weg und warf ihn wütend ins Wasser. »Sollte ich vielleicht wirklich.«

Sie gingen lange schweigend nebeneinander her.

Nein, sie wollte nicht so schnell aufgeben.

Doch Jochen Bohne sprach als Erster: »Wissen Sie, wir sind zu oft von der Geschäftsleitung gelinkt worden. Wir haben Zugeständnisse gemacht, aber immer nur bezahlt. Ich kann das auch meinen Kollegen gar nicht mehr verkaufen.«

»Aber die Alternative ist doch, dass wir die Bude zumachen müssen!«

Jetzt war es an Jochen, einen Stein wütend ins Wasser zu schleudern.

Eva ließ nicht locker. »Wenn wir die Firma retten wollen, müssen wir über Personalabbau reden und über Arbeitszeiten, über Kostensenkungen in der Produktion und neue Eingliederungen. Jochen, Herr Bohne, wir kommen daran nicht vorbei, sonst dreht uns die Bank den Hahn zu. Sie kennen doch die neuen Vorgaben von wegen Eigenkapital und so.«

»Und die Arbeiter sind wieder mal die Bauernopfer.«

Misslaunig stapften sie nebeneinander her.

Eva macht einen neuen Versuch: »Ich weiß, dass wir jetzt an den Altlasten laborieren, die Papa uns hinterlassen hat. Rolf war damit einfach überfordert. Ich verspreche Ihnen, wir werden herausfinden, wo unsere und eure Schmerzgrenze ist. Wir werden alles tun, um die Firma zu erhalten. Aber ich brauche Ihre grundsätzliche Zusage, dass Sie, auch für unsere Mitarbeiter, mit uns an einer Lösung arbeiten werden. Lassen Sie es uns wenigstens versuchen.«

Jochen blieb stehen, sah über den Rhein und wandte sich dann Eva zu. Er sah sie prüfend an. »Ich kann überhaupt nichts zusagen. Ohne ein Votum des gesamten Betriebsrats sowieso nicht.«

»Mein Gott, Jochen!« Eva war verzweifelt.

»Alles, was ich zusagen kann, ist, dass ich mit den Kollegen darüber reden werde.« Jochen Bohne wand sich. »Versprechen kann ich Ihnen heute nichts, denn ich entscheide das nicht alleine.«

»Aber versuchen wirst du es doch, um der alten Zeiten willen?«

Das hätte sie nicht sagen sollen. Eva spürte, wie Jochens Miene sich verfinsterte. Er drehte sich wortlos um. Sie wurde flammendrot. Au Mist, warum konnte sie Beruf und Privates nicht trennen? Eva verfiel in düstere Gedanken, als sie zurück zum Auto liefen. Wann würde sie endlich cool werden, sachlich, ihre Emotionen im Griff haben?

Bevor sie ins Auto einstiegen, sah Jochen Eva lange an. »Frau Hoffmann, wir stehen auf gegnerischen Seiten. Egal, was früher einmal war.« Sie wurde wieder rot bis zum Haaransatz. »Unsere Interessen sind unterschiedlich. Wir leben in verschiedenen Welten.« Sie fühlte seine Sätze wie Schläge. »Falls es schief geht, verschwinden Sie wieder. Aber für mich und meine Kollegen geht es um unsere Existenz. Und dafür werde ich kämpfen. Das kann ich Ihnen versprechen. Wenn das bedeutet, die Firma zu retten, dann soll mir das recht sein. Dann ziehen wir beide das gemeinsam durch.« Er lächelte das erste Mal wieder.

Eva entspannte sich etwas. »Versprochen!« sagte sie und lächelte zurück. Sie spürte, sie hatte einen kleinen Sieg errungen, aber noch längst nicht die Schlacht gewonnen.

Ein Neuanfang
und seine unerwarteten Folgen

Sie fuhren zurück in den Kölner Westen. Jochen ließ Eva vor der schmiedeisernen Pforte aussteigen. Als sie sich verabschiedete, rief er ihr noch hinterher: »Aber glauben Sie nicht, dass das einfach wird!« Sie ging lächelnd das letzte Stück nach Hause. Nein, diese Illusion hatte sie auch nie genährt.

Was man so Zuhause nennt, dachte sie, als sie ihre Wohnung betrat. Nach den Monaten in Berlin war ihr alles ein wenig fremd. Obwohl sich äußerlich nichts geändert hatte. Sie hatte über die Jahre die gesamte Wohnung mit Stücken aus der Hoffmann'schen Produktion möbliert. Warmes, schimmerndes Holz, klassische und moderne Formen wechselten sich ab.

Die Wohnung sah gepflegt und ordentlich aus, sogar ihr Bett war frisch überzogen gewesen, als sie heimgekommen war, das hatte ihre Mutter wohl organisiert. Insgeheim hatte sich Eva eher Spinnweben und Rosenranken vor der Tür vorgestellt. Als wäre sie Jahre weg gewesen. Sie musste lachen.

Ihre Mutter, ach je, sie hatte ganz vergessen, dass sie sich ja zum Abendessen mit ihr verabredet hatte. Sie ließ alles stehen und liegen und lief die paar Schritte zum Haus ihrer Eltern, das sich ebenfalls auf dem Firmengelände befand. Ein Bungalow aus den siebziger Jahren, viel Beton, nicht ihr Stil, aber die Eltern waren stolz darauf gewesen.

Ihre Mutter wartete schon mit dem Essen. Als sie zusammen am Tisch saßen, fremdelten sie anfangs etwas, wie so oft, wie Eva auffiel. Sie wusste nicht recht, worüber sie mit ihrer Mutter reden sollte. Es fiel ihr einfach nichts Belangloses ein. Mit der Tür ins Haus fallen wollte sie auch nicht.

Gerda Hoffmann überspielte die Verlegenheit mit Geschichten aus der Familie, von den Brüdern, deren Kindern. Während Eva in ihrem Sauerbraten stocherte, Mutters Paradegericht, waren ihre Gedanken in der Firma, bei den Gesprächen des Tages. Einsilbig antwortete sie, um nicht unhöflich zu wirken.

»Und, was wirst du jetzt tun?« Eva wurde von dieser Frage überrascht.

»Was meinst du?«

»Bleibst du oder gehst du wieder weg?«

Eva legte das Besteck aus der Hand. Kamen jetzt wieder die bekannten Vorwürfe? Sie sah ihre Mutter erstmals an diesem Tag richtig an. Gerda Hoffmann war mit ihren 76 Jahren noch immer eine schöne Frau. Sehr gepflegt, sehr schick. Der Kummer, der nach dem Tod des Mannes in ihr Gesicht geschrieben war, hatte sich gelöst. Mit hellen blauen Augen, die sich perfekt in ihrer türkisfarbenen Bluse spiegelten, sah sie Eva interessiert an und wartete auf Antwort.

Eva druckste herum. »Hm, ja, weiß ich noch nicht. Hast du heute mit Rolf gesprochen?«

»Nein, er hatte keine Zeit.«

»Na ja, du weißt aber, dass es um die Firma nicht so gut bestellt ist?«

Ihre Mutter nickte.

Eva nahm einen Schluck Wein. »Nun ja, ich überlege tatsächlich, wieder in die Firma einzusteigen. Ich meine, wenn es überhaupt eine Chance gibt, dass wir sie behalten können.«

Vorsichtig sah sie zu ihrer Mutter hinüber. Die sah sie fest an. Kein Ohnmachtsanfall? Keine Überraschung? Kein Aufschrei: »Ich habe es dir ja immer schon gesagt«? Eva überlegte, wie weitgehend ihre Mutter über die schlechte Lage der Hoffmann GmbH informiert war.

»Tust du das aus Pflichtgefühl oder weil es in deine Lebensplanung passt?« fragte diese stattdessen.

Eva wunderte sich. So klar hatte sie ihre Mutter noch nie erlebt. Sie stotterte: »Mein Plan war eigentlich ein anderer. Also, Berlin hat mir schon gut gefallen, und ich hatte eigentlich gedacht ...« Nein, von Michael wollte sie ihrer Mutter nicht erzählen. Sie hatte immer tunlichst vermieden, von ihren Freunden zu berichten, bevor es etwas »Festes« war. Mutters Fragen fürchtete sie.

»... aber?« fragte ihre Mutter weiter.

»Aber? Aber, ich fühle mich der Firma doch viel mehr verbunden, als ich gedacht hatte. Ich habe Rolf angeboten, mit ihm zusammen einen Rettungsversuch zu wagen.«

Ängstlich sah sie zu ihrer Mutter hinüber. Eva erinnerte sich an ihre Kommentare, als sie in der Klinik lag. Dass so ein Job eben für eine Frau doch zu schwer sei, dass sie sich übernommen habe, wie schade es sei, dass sie keine Familie habe. Ihre Mutter hatte sich immer aus dem Geschäftlichen herausgehalten. Und konnte sich auch Eva offensichtlich besser als Gattin denn als Geschäftsfrau vorstellen. Auch vor Mutters Kommentaren war sie nach Berlin geflohen.

Jetzt verblüffte diese Frau sie.

»Rolf wird deine Hilfe brauchen.«

»Auf einmal?« entfuhr es Eva.

Ihre Mutter sah Eva traurig lächelnd an. »Ich habe immer an dich geglaubt. Sag mir, wann nicht? Aber ich habe mir große Sorgen um dich gemacht, als du krank wurdest. Nachdem ich Papa verloren hatte, war ich einfach bange, auch dich zu verlieren. Du erinnerst dich vielleicht gar nicht mehr, wie schlecht es dir ging.«

Eva schürzte trotzig die Lippen. Ihr Leben lang hatte sie sich in Konkurrenz zu ihrer Mutter gesehen. Hatte immer versucht, sie aus ihrem Leben weitestgehend herauszuhalten. Fühlte sich von ihr bevormundet und in die Ecke gedrückt. Dieses Gefühl war nicht so schnell zu knacken. Leider konnte sie ihrer Mutter das alles jetzt nicht sagen.

»Das habe ich so nicht gesehen«, sagte sie stattdessen nur.

»Kannst du dir vorstellen, welche Sorgen ich mir um dich gemacht habe, als du plötzlich abgereist bist? Ohne ein Wort? Wenn ich nicht von Kalle gehört hätte, dass du in Berlin bist und es dir gut geht, wäre ich durchgedreht.«

Schuldgefühle, schon wieder Schuldgefühle. Für heute wurde es Eva zu viel. Sie schob ihren Teller zurück und stand auf. »Mama, lass uns ein andermal darüber reden. Ich hatte einen wirklich schweren Tag. Und morgen wird es wohl nicht besser. Verzeih mir, aber ich muss jetzt ins Bett.«

»Schon klar, geh nur. Aber du musst wissen ...«, ihre Mutter macht eine Pause und Eva wollte sich schon wieder verteidigen, doch ihre Mutter ließ sie nicht zu Wort kommen: »Du musst wissen, dass ich immer zu dir stehen werde. Versprich mir, wenn du Hilfe brauchst, dass du Bescheid sagst.«

Eva umarmte ihr Mutter unbeholfen. »Ja, danke, Mama.«

»Pass auf dich auf, Kleines.«

Eva musste lächeln. Das hatte Papa früher immer zu ihr gesagt.

»Du auch, Mama.«

Eva marschiert los
und tappt (fast wieder)
in ihre eigene Falle

›Pass auf dich auf‹, kreiste in ihrem Kopf, als Eva zu ihrer Wohnung hinüberging. Ja, sie musste besser auf sich aufpassen. Sie spürte, dass sie schon wieder in einen energiezehrenden Sog geriet. Tief in Gedanken hängte sie ihre Sachen auf, stellte die Schuhe weg.

Als sie in ihrem kleinen Badezimmer stand und sich die Zähne putzte, sprach sie mit ihrem Spiegelbild (sie hatte mal in einer Frauenzeitschrift gelesen, dass es sehr gesund sei, mit sich selbst zu reden, seither hatte sie keine Scheu mehr davor). »Pass bloß auf, dass du nicht wieder alles falsch machst. Sonst geht der ganze Stress von vorne los. Und das wolltest du doch nicht mehr. Oder?« Sie schüttelte den Kopf. »Na, also!«

Es hatte etwas mit dem Thema Verantwortung zu tun. Dazu kam ihr immer wieder das Wort »Last« in den Sinn. Sie spürte, wie der Druck auf ihren Schultern schon wieder zunahm. Gedankenverloren machte sie sich zum Schlafen zurecht und krabbelte ins Bett.

Doch diese Gedanken ließen Eva nicht einschlafen, Verantwortung – Last? Sie dachte an die Firma, an die Probleme, dachte darüber nach, was sie tun könnte, um die verfahrene Situation zu lösen. Von Minute zu Minute wurde sie wieder wacher. Schließlich knipste sie das Licht wieder an, warf ihren Morgenmantel über und ging an ihren Sekretär aus rotgoldenem Ahornholz, von ihrem Vater vor vielen, vielen Jahren selbst für sie geschreinert. Sie klappte die Tür herunter, setzte sich und zog aus einer der vielen kleinen Schubladen ein leeres Blatt Papier. Sie nahm ihren Füllfederhalter.

»**Wofür bin ich verantwortlich?**« schrieb sie in die erste Zeile. Und darunter notierte sie, ohne groß nachzudenken, alles, was ihr spontan dazu einfiel:

- Gehälter sichern
- Kunden zufrieden machen
- Aufträge kriegen
- die Bank beruhigen
- Rolf motivieren
- mein Leben organisieren
- Hoffmann GmbH retten
- nicht zu dominant sein
- Michael
- Geld herbeischaffen
- Jochen überzeugen
- Pleite verhindern
- Kosten senken
- Widerstände überwinden
- Zukunft sichern
- Mutter
- keine Fehler machen
- auf Heike achten
- kreative Lösungen finden
- solide Finanzplanung
- Einsparungen.

Als Letztes setzte sie zögernd darunter:

- mein Leben
- meine Gesundheit
- mich?

Als Eva sich ihre Liste ansah, wurde ihr bewusst, dass sie gerade wieder dabei war, in die alte Falle zu tappen. Sie fing schon wieder an, sich verantwortlich für jeden und alles zu fühlen. Und genau diese Last hatte sie beim letzten Mal beinahe umgebracht. Außerdem: Was für ein Größenwahn zu glauben, Eva Hoffmann komme nach Hause und habe mal eben den Stein der Weisen gefunden?

Waren alle anderen nur zu dumm zu erkennen, wie man ein Unternehmen führen musste? Sie spürte plötzlich, dass sie schon wieder der Hybris verfiel, die Welt retten zu können. Und sie erschauerte unter diesem Anspruch.

Eva nahm einen dicken roten Stift aus einer Schublade und schrieb in Großbuchstaben unter die Liste:

STOPP!

In der Klinik hatte sie gelernt, so negative Gedanken zu stoppen. Wann immer sie sich selbst beschimpft hatte oder nur noch düstere Zukunftsaussichten wälzte nach der Entlassung, hatte sie sich selbst gesagt: Stopp. Und es hatte geholfen.

Eva erinnerte sich, wie bereitwillig sie erneut, an diesen ersten zwei Tagen, schon wieder alles an sich gezogen hatte: ›Gebt mir eure Zahlen, gebt mir eure Sorgen, ach, ladet doch einfach eure Verantwortung bei mir ab. Eva ist wieder da. Die wird's schon machen. Ich war dominant? Oh, verzeiht mir. Ich war ehrgeizig? Bitte vergebt mir. Ich habe Fehler gemacht? Wie konnte mir das passieren? Ich entschuldige mich. Mea culpa, mea culpa, mea maxima culpa. Verdammt!‹

Sie wurde immer wütender, während sie nachdachte, wie der Tag verlaufen war. Hatte sie denn gar nichts gelernt während der letzten Monate? Hatte sie in dieser

Zeit in Berlin nicht anderen, völlig fremden Leuten ganz klar zeigen können, was Selbstverantwortung bedeutet? Hatte sie sich nicht vorgenommen, für sich selbst Klarheit zu schaffen? Zu erkennen, was sie wollte, und ihre Ziele durchzusetzen? Sie hörte sich noch anderen sagen: »Dein Schicksal liegt in deiner Hand. Werde dir klar darüber, was dir wirklich wichtig ist.« Kaum war sie einen Tag wieder im Geschäft, liefen die alten Muster wieder ab. Verflixt!

Sie nahm den dicken Stift und strich Punkt für Punkt auf ihrer Liste rot durch, erst zögernd, aber zunehmend selbstbewusst.

Am Schluss blieben drei Punkte übrig, für die sie sich wirklich verantwortlich fühlte:

- mein Leben
- meine Gesundheit
- mich!

Und sie setzte einen weiteren Punkt darunter:

- Ich werde mein Bestes tun, um eine Lösung für die Hoffmann GmbH zu finden.

Sie las den Satz wieder und wieder. Irgend etwas störte sie an ihm. Bis ihr auffiel, warum er immer noch falsch formuliert war. Sie strich ihn durch und schrieb stattdessen:

- Ich werde mein Bestes tun, um an einer Lösung für die Hoffmann GmbH mitzuarbeiten.

Ja, das war es! Das musste reichen. Mehr konnte sie nicht tun. Sie war nicht für die Fehler der anderen verantwortlich, die den Karren in den Dreck gefahren hatten. Sie war nicht Doktor Allwissend, die eine Lösung aus dem Ärmel schüttelte. Sie war keine Zauberin, die alte Fehlentscheidungen ungeschehen machen konnte. Sie war nicht die Mutter der Nation, auf die alle starren konnten, in der Hoffnung, dass sie es schon richten würde. Sie konnte und wollte den anderen ihre Verantwortung nicht abnehmen.

Eva ärgerte sich über sich selbst, dass sie so schnell wieder in diese alte Rolle geschlüpft war. Aber sie war auch froh, dass sie es diesmal rechtzeitig erkannt hatte. War die Zeit der Berliner Gespräche doch nicht umsonst gewesen! Und sie dachte plötzlich liebevoll an ihre Mutter, die mit ihrer Bemerkung diese innere Unruhe ausgelöst hatte. Ja, sie würde auf sich aufpassen, sie würde sich nicht noch einmal bis zum Zusammenbruch ausbeuten lassen oder selbst ausbeuten. »Danke, Mama«, flüsterte sie.

Jetzt war sie sowieso hellwach – ob sie ihre Mutter gleich einmal anrufen sollte? Sie sah auf die Uhr: kurz vor zwölf. Sie beschloss, den Anruf auf den nächsten Morgen zu verschieben. Aber sagen würde sie es. Vielleicht fänden sie ja eine neue Basis, eine irgendwie erwachsenere. Eva musste lächeln. Wie alt war sie? Knapp 50 und immer noch nicht richtig erwachsen? ›Damit ist man wohl nie fertig‹, dachte sie.

Sie erinnerte sich an die Massage, die Monika ihr gestern gegeben hatte. Annehmen und Loslassen. Annehmen und Loslassen. Hat auch viel mit Verantwortung zu tun, dachte Eva. Mit Verantwortung für sich selbst, für das Entdecken, was man will, um es dann durchzusetzen. Ihr schwacher Punkt?

Sie nahm ein weiteres Blatt Papier und notierte als Überschrift »**Was ich beachten muss:**«
Darunter schrieb sie:
- Grenzen setzen
- Meine Grenzen erkennen
- Rolf nicht als Baby behandeln

- Verantwortung delegieren
- Keine falsche Rücksicht nehmen, durchsetzen, was wichtig ist
- Klar meine Meinung sagen
- Kein schlechtes Gewissen einreden lassen
- Andere respektieren und fordern
- Vertrauen geben
- Klare Aussagen machen
- Rolfs Verantwortung einfordern
- Klare Spielregeln aufstellen
- Nichts beschönigen
- Andere ermutigen, ihre Meinungen zu sagen
- Meine Meinung offen sagen
- Gut streiten lernen
- Um Hilfe bitten können
- Hilfe annehmen können
- Auf meine Energiebalance achten
- Mich nicht in Dinge einmischen, die nicht meine Aufgabe sind
- Mich nicht auffressen lassen
- Verantwortung teilen
- Meine Stärken erkennen und einsetzen
- Meine Schwächen erkennen
- Auf Fachleute hören
- Realitäten anerkennen
- Abgrenzen können
- Mich nicht kränken lassen
- Kritisieren können
- Klug mit Kritik umgehen
- Risiken abschätzen
- Fallen erkennen
- Andere nicht kränken
- Nein-Sagen lernen.

Sie war stolz auf sich, als sie die Liste noch einmal durchlas. Das war es. Wenn sie diese Vorsätze umsetzen könnte, wenn sie den klugen Abstand zu den Herausforderungen hielt, dann könnte sie sich in den Rettungsversuch einbringen, ohne wieder auszubrennen. Und sie erinnerte sich an eine Selbstverpflichtung, ein so genanntes Commitment, das sie während ihrer Zeit in Berlin mal in einem Ratgeber gefunden hatte. Sie hatte es immer und immer wieder gelesen, weil es sie so fasziniert hatte.

Es lautete ungefähr so: »Ich bin die wichtigste Person auf der Welt für mich. Ich muss erst einmal dafür sorgen, dass es mir gut geht, dann kann ich etwas dafür tun, dass es auch den Menschen um mich herum gut geht. Wenn die Menschen um mich herum es nicht aushalten können, dass es mir gut geht, dann sind es die falschen Menschen für mich. Wenn es mir gut geht, dann werde ich auch erfolgreich sein. Denn ich habe es verdient.«

›Sich hingeben‹, dachte sie plötzlich, ›heißt eben nicht, sich selbst aufgeben.‹ Der Satz war von ihr und er gefiel ihr so gut, dass sie ihn lächelnd in großen roten Buchstaben aufschrieb:

»Sich hingeben heißt nicht, sich selbst aufgeben!«

Eva musste gähnen. So, jetzt würde sie bestimmt gut schlafen können. Sie faltete die Blätter zusammen und steckte sie in ihre Handtasche. Sie wollte ihre neuen Erkenntnisse am nächsten Tag dabei haben. ›Wie eine Beschwörungsformel‹, dachte sie noch. Sie kuschelte sich in ihr Bett, löschte das Licht. Beim Einschlafen blitzte ein zärtlicher Gedanke an Michael auf. Den rufe ich morgen früh an, beschloss sie und schlief im nächsten Augenblick fest.

Eva trifft die Verräterin
und schafft Klarheit

Am nächsten Morgen im Büro sagte Eva als Erstes den Banktermin ab. Sie hielt es für falsch, dort jetzt allein aufzutauchen und »nach dem Rechten zu sehen«. Das war nicht ihre Aufgabe. Sie hatte noch keine offizielle Funktion in der Firma, sie wollte auch nicht als Rolfs neue »Aufpasserin« erlebt werden. Sie erklärte dem Banker, dass sie erst noch einige Sachen klären müsse. War überhaupt kein Problem.

Sie zog ihre nächtlichen Erkenntnis-Listen aus der Tasche und legte sie gut sichtbar auf ihren Schreibtisch. Dann erledigte sie zwei Telefonate. Das erste mit ihrer Mutter, die sich aufrichtig freute, als sie ihr von dem positiven Effekt des »Pass-auf-dich-auf-Wünschens« erzählte. Sie verabredeten sich fürs Wochenende. Das zweite Telefonat galt Michael, den sie diesmal im Büro erwischte.

»Eva, endlich. Hast du meine Nachricht auf deinem Handy abgehört? Was gibt es Neues aus Kölle?«

»Handy? Tut mir Leid, du, das habe ich ganz vergessen abzuhören. Stell dir vor, Rolf und ich, wir überlegen, ob wir nicht gemeinsam den Betrieb weiterführen.«

Auf der anderen Seite der Leitung herrschte Schweigen.

»Michael? Bist du noch dran?«

Er räusperte sich. »Ja doch. Heißt das, du bleibst in Köln?«

Sie spürte seine Enttäuschung, und ihre Euphorie war schlagartig verflogen. »Ich weiß es, ehrlich gesagt, noch nicht. Aber, ja, es kann sein ...« sagte sie kleinlaut.

»Schade.«

Die Tür öffnete sich, und Gabi Mockenheim streckte den Kopf zur Tür herein. »Oh, Entschuldigung«, sagte sie.

»Warte bitte einen Augenblick, Michael«, sagte Eva in den Hörer. »Ja, was gibt es?«

»Der Chef fragt, ob Sie an der Führungsrunde heute Nachmittag teilnehmen wollen?«

Eva überlegte nicht lange. »Ja, gern.«

»Um zwei im Konferenzraum.«

Die Tür schloss sich wieder.

»Michael, bist du noch dran? Das war Rolfs Assistentin. Heute Nachmittag treffe ich erstmals alle Führungskräfte in einer gemeinsamen Runde.«

Er antwortete mit einem Brummen.

Eva wurde es ganz schwer ums Herz. »Oh Michael. Es tut mir Leid. Du, ich weiß noch nicht, was werden wird. Ich weiß nur, dass ich wahnsinnig viel um die Ohren habe.«

»Und kommst du am Wochenende wie geplant nach Berlin?«

Eva seufzte. Ei, das hatte sie ganz vergessen. »Ich glaub, das schaffe ich nicht. Ich muss mich hier erst wieder einarbeiten.«

»Schade«, sagte Michael erneut. »Ich vermisse dich. Ich halte mir aber das Wochenende frei, falls du es dir doch noch überlegst.«

Eva biss sich auf die Lippen. Die Nähe, die sie in Berlin zu ihm gespürt hatte, war auf einmal nur noch ganz schwach. »Ich weiß nicht, Michael. Ich glaube aber eher nicht.«

Michael bekam eine ganz raue Stimme, als er sagte: »Erinnerst du dich an unsere Bank? Und an das, was ich von dir gelernt habe, Ehrlichkeit, Mut und Liebe? Ich werde mutig auf dich warten, Eva, ehrlich. Denn ich liebe dich. Mach's gut!« Damit legte er zu ihrer Verblüffung auf.

Eva starrte auf den Telefonhörer, sie war glücklich, traurig und verwirrt zugleich. Kaum war sie 48 Stunden in der Firma, geriet ihre Wünscheskala schon wieder völlig durcheinander. Noch vor wenigen Tagen hätte diese Liebeserklärung sie zum glücklichsten Menschen auf der Welt gemacht. Und jetzt stürzten sie Michaels Worte nur in Konflikte.

Eva stand auf, um sich im Sekretariat nebenan einen Kaffee zu holen. Sie öffnete die Tür und trat in den Flur, als sie plötzlich jemanden vor sich sah. »Heike«, rief sie überrascht. Die junge Frau zuckte zusammen und starrte sie an. »Eva?« Sie kam ein paar Schritte auf sie zu und Eva merkte, wie ihr Herz anfing zu rasen. Heike Voss, 32, Vertriebsleiterin. Ihre Nachfolgerin, ihr Ziehkind, ihre Vertraute – die Verräterin!

Eva starrte sie an. Heike blieb stehen und sagte nichts. Sie trug ein graues Kostüm mit halbhohen Pumps, über der Schulter hing ein schwarzer Notebook-Koffer. Die blonden Haare hatte sie zu einem strengen Zopf geflochten.

»Hat dir der Flurfunk noch nicht berichtet, dass ich wieder da bin?«

Heike schüttelte den Kopf. »Ich war die letzten Tage bei einigen Kunden.« Sie flüsterte mehr als sie sprach. Sie ließ ihren Notebook-Koffer zu Boden gleiten.

Wie viel Angst hatte Eva gerade vor dieser Begegnung gehabt. Wie viel Hass hatte sie nach ihrer Entmachtung gespürt. Heike und Rolf, die beiden hatten sie abserviert, während sie in der Reha-Klinik war. Sie hatte es nicht glauben können, dass Heike, gerade Heike ihr in den Rücken gefallen war. Jetzt war der Zorn wieder da, den sie auf diese Frau verspürte, die immer noch um Fassung rang.

»Tja, man begegnet sich immer zwei Mal im Leben«, sagte Eva sarkastisch.

»Wie geht es dir?« sagte Heike leise.

»Prima, danke, hervorragend. Kann einem doch nur gut gehen, wenn man so tolle Freunde hat.« Ihre Stimme stockte. Eva merkte, wie sich ihre Wut in Schmerz verwandelte. Plötzlich schossen ihr Tränen in die Augen. »Heike, warum?«

Heike starrte sie weiter wie eine Erscheinung an.

»Warum hast du mit Rolf gemeinsame Sache gemacht? Warum bist du mir in den Rücken gefallen? Warum hast du mir alles weggenommen?«

Als die junge Frau immer noch nicht antwortete, wurde Evas Stimme eindringlich. »Ich will es doch nur verstehen.«

Jetzt flossen auch über Heikes Gesicht Tränen, und sie löste sich aus der Erstarrung. »Ich weiß es doch selbst nicht«, presste sie mühsam hervor.

»Habe ich dir etwas getan? Habe ich dich verletzt? Es muss doch einen Grund dafür geben?«

Heike schüttelte den Kopf. Zwei Frauen aus der Buchhaltung, die gerade vorbeigingen, sahen interessiert zu den beiden hinüber.

Eva wischte sich hastig das Gesicht. »Komm«, sagte sie, »wir müssen ja nicht der ganzen Firma ein Schauspiel liefern. Hast du jetzt gleich einen Termin? Oder können wir einen Kaffee trinken gehen?«

Heike schüttelte den Kopf, nahm ihre Tasche. »Erst um zehn. Das geht schon.«

Eva holte schnell ihre Handtasche aus dem Büro. Sie gingen wortlos aus dem Haus, die Straße entlang zu dem kleinen, alten Café, nahe des Aachener Weihers, in dem sie früher oft ihre Pläne geschmiedet hatten. Sie nahmen an einem Tisch im hinteren Teil Platz.

Erst als sie ihren Kaffee vor sich stehen hatten, begann Heike zu sprechen. »Es tut mir Leid, Eva. Wirklich. Ich habe mir solche Sorgen um dich gemacht, als du plötzlich weg warst. Ich mache mir solche Vorwürfe.« Sie begann wieder zu weinen.

»Ist schon gut«, murmelte Eva. Sie wurde auf einmal unendlich müde. »Ist schon gut. Ich will es nur einfach begreifen. Was habe ich falsch gemacht?«

Heike begann zu erzählen, wie viel Spaß ihr der Job als stellvertretende Vertriebsleiterin gemacht hatte, wie viel sie von Eva gelernt hatte. Und was für eine Herausforderung es für sie gewesen war, Eva zu ersetzen, als sie krank wurde.

»Es tat mir gut, selbst Entscheidungen zu treffen. Ohne dich immer fragen zu müssen.«

»Jetzt fängst du auch damit an«, stöhnte Eva.

Heike sah sie verständnislos an.

»Rolf hat mir auch schon vorgeworfen, dass ich wie eine Generalin geherrscht hätte.«

Ein kurzes Aufflackern zog über Heikes Gesicht.

»Na ja, du wusstest immer genau, was du wolltest. Das habe ich ja auch so an dir bewundert. Aber ich habe mir auch Sorgen um dich gemacht. Du wurdest immer reizbarer, ich meine, als du krank wurdest. Man konnte kaum noch mit dir reden. Immer bist du gleich aufbrausend geworden. Und ehrlich«, sie sah Eva jetzt direkt an, »du konntest schon auch ziemlich ungerecht sein. Manchmal habe ich regelrecht Angst vor dir gehabt.«

Eva war wie vor den Kopf gestoßen. Heike redete weiter: »Nein, ich meine, du warst schon auch fantastisch, die Kunden sind nur deinetwegen zurückgekommen, viele Mitarbeiter haben dich vergöttert. Aber wer näher mit dir zu tun hatte, hatte es nicht immer leicht.«

»Und deswegen habt ihr, Rolf und du, beschlossen, mich zu entmachten?« Eva sah die junge Frau genauer an, sie erinnerte sie an jemanden. Bis ihr einfiel, an wen: an sich selbst, früher, sehr ehrgeizig, fleißig, ein bisschen rücksichtslos.

Heike suchte in ihrer Tasche herum, zog eine Schachtel Zigaretten heraus, suchte weiter, nach einem Feuerzeug, zündete sich umständlich die Zigarette an. Dann schüttelte sie den Kopf. »Nein, so war es nicht. Als Rolf mir immer mehr Aufgaben übertragen hat, war ich einfach stolz. Ich hatte ja auch viel von dir gelernt. Ehrgeizig zu sein übrigens auch.« Sie lächelte das erste Mal und fuhr fort.

»Und ich dachte ja wirklich, dir ginge es richtig schlecht. Du hast dich übrigens aus der Klinik nicht ein einziges Mal bei mir gemeldet. Und ich habe mich nicht getraut, bei dir anzurufen. Auch wenn ich oft deinen Rat gebraucht hätte. Es hieß immer, du bräuchtest absolute Ruhe.«

»Es ging mir schlecht.« Eva erinnerte sich an die Zeit, bevor sie in die Klinik gekommen war. Sie konnte nicht mehr schlafen, sie konnte sich nicht konzentrieren und war gleichzeitig völlig erschöpft und überdreht. Sie fühlte sich meistens einsam und oft tieftraurig. »Burnout-

Syndrom« hatte der Arzt attestiert. Überarbeitet, überstresst, überfordert.

Mühsam hatte sie sich in der Klinik von dem Arbeits-Zombie, der sie geworden war, in einen Menschen, in eine Frau zurückverwandelt. Auf diesem Weg hatte sie viel geweint, viel geschlafen und viel geredet, mit einer Therapeutin und in einer Gruppe.

»Also hast du mir nur einen Gefallen tun wollen, als du mir meinen Job weggenommen hast?« Eva wurde wieder sarkastisch.

»Ich habe dir deinen Job nicht weggenommen.« Wütend drückte Heike die Zigarette im Aschenbecher aus. »Ich habe dich so gut vertreten, wie ich konnte. Und dass Rolf zufrieden mit mir war, das konnte ich ja wohl nicht schlecht finden. Hast du dir eigentlich mal überlegt, dass es für mich auch nicht einfach war, dich plötzlich zu ersetzen?«

Eva fühlte sich mies. Sie stützte den Kopf in die Hände und starrte vor sich hin. Wie hatte alles nur so schief laufen können. Sie spürte jetzt, wie sehr sie Heike vermisst hatte, sie hatte nicht nur ihren Job, sie hatte damals auch eine gute Freundin verloren. Doppelter Verrat, doppelter Schmerz.

»Als Rolf mir gesagt hat, du würdest nicht mehr wiederkommen, ja, ich sage es ehrlich«, sie schaute Eva direkt in die Augen, »da habe ich mich auch gefreut, als er mir deinen Posten angeboten hat.«

»Und du hast nie versucht herauszufinden, wie es mir geht? Was ich davon halte, aus der Firma gedrängt zu werden?« Eva starrte sie entsetzt an.

Heike überlegte. »Wenn ich es recht überlege, dann war ich viel zu beschäftigt dazu. Wenn du so willst, ich war regelrecht besoffen vor Ehrgeiz. Ich fühlte mich geehrt, herausgefordert. Und ich dachte wirklich, du ziehst dich freiwillig zurück. So fertig wie du warst.«

»Bullshit!« sagte Eva. Aber sie spürte, wie ihr Zorn langsam verrauchte. Ihr Kopf wurde plötzlich wieder klar. Ja, es war schief gelaufen, richtig schief. Aber es war müßig, jetzt noch über Schuld zu sprechen. Und vor allem, den anderen die Schuld zu geben oder sich als armes Opfer zu fühlen. Es war hilfreich gewesen, in der Zeit der Heilung die Wut auf Rolf und Heike, die beiden Verräter, zu nähren. Es hatte sie aber auch lange davon abgehalten, den eigenen Anteil an der Entwicklung zu erkennen.

»Genug gejammert«, sagte Eva plötzlich und nahm einen Schluck Kaffee. Sie dachte an das Prinzip »Annehmen und Loslassen«. »Strich drunter. Ich habe mich mit Rolf ausgesprochen, und wir überlegen jetzt, ob wir gemeinsam die Firma retten können. Wie steht es mit dir? Kannst du dir vorstellen, loyal mit mir, mit uns zusammenzuarbeiten oder nicht?«

Heike sah sie entsetzt an: »Willst du mich rausschmeißen?«

Eva sah sie ernst an. »Das habe ich nicht gesagt. Du hast einen wichtigen Posten inne. Du gehörst zum Führungsteam. Du machst offensichtlich deine Arbeit gut. Ich habe dich nach deiner Loyalität gefragt. Bist du bei der Rettungsaktion dabei? Können wir auf dich zählen oder nicht?«

Eva bemerkte, wie Heike rot wurde. Irgendetwas stimmt da nicht, dachte sie. Und wartete.

Heike vermied ihren Blick. »Ich weiß nicht, das kommt jetzt alles so überraschend. Das geht alles so schnell. Ich brauche ein bisschen Zeit.«

»Das Einzige, was wir nicht haben, ist Zeit«, sagte Eva eindringlich. »Gibt es etwas, das ich wissen sollte?«

Heike wand sich auf ihrem Stuhl. »Nein, wieso?« fragte sie gedehnt.

Eva hatte in »ihrem« Berliner Park, als sie mit vielen fremden Menschen ins Gespräch gekommen war und vielen auch hatte helfen können, gelernt, hinhören, schweigen und abwarten zu können. Sie sah Heike einfach nur an.

Aus der platzte es plötzlich heraus: »Ja, da ist wirklich was. Ich war gestern nicht bei einem Kunden, ich war in Lüneburg bei einer anderen Firma, die Interesse an mir hat. Das lief über einen Headhunter.«

Eva sah sie weiter aufmerksam an.

»Ich muss doch auch sehen, wo ich bleibe, wenn Hoffmann pleite geht«, fügte Heike vorwurfsvoll hinzu.

Eva schluckte. ›Verräterin!‹ schoss ihr als erster Gedanke durch den Kopf. Um sich gleich darauf zu schelten. Natürlich wusste Heike, wie es um die Firma steht. Natürlich kümmerte sie sich um ihre Zukunft. Das war schließlich ihr gutes Recht. Trotzdem gefiel Eva das Ganze nicht.

Sie nahm sich zusammen und versuchte, möglichst sachlich zu bleiben. »Ich verstehe das schon. Aber du musst auch verstehen, dass wir wissen müssen, wer zu uns hält. Ich bin ja selbst auch noch unentschlossen, wie es weitergeht. Nur eins weiß ich jetzt schon, leicht wird es sicher nicht. Aber wir können jeden guten Mann und jede gute Frau dabei brauchen.«

Als Heike schwieg, fügte sie hinzu: »Für mich sind die alten Zeiten erledigt. Ich möchte nach vorne schauen. Es würde mich freuen, wenn du dabei wärst.« Eva wunderte sich selbst, aber der Satz tat überhaupt nicht mehr weh.

Heike wollte etwas sagen, sah dann auf die Uhr und

sprang auf. »Schon kurz vor zehn. Ich muss los.« Sie wollte Geld aus der Tasche ziehen.

»Lass nur«, sagte Eva. »Ich übernehme das. Wir reden ein anderes Mal weiter. Noch eine Bitte: Kannst du mir bis heute Nachmittag einen kurzen Bericht schicken, wie sich die Lage des Unternehmens aus deiner Sicht darstellt? Wie du unsere Chancen einschätzt und wo du Handlungsbedarf siehst?«

Heike nickte kurz, »Okay«, nahm ihre Tasche und ging.

Eva wartete noch ein wenig, ließ das Gespräch immer und immer wieder in Gedanken ablaufen. Sie war also ungerecht gewesen, vor allem den Menschen gegenüber, die sie am meisten mochte. Von der Ferne die Macherin, aus der Nähe die Quälerin. Und am gnadenlosesten war sie sich selbst gegenüber gewesen. Das sollte ihr nicht noch einmal passieren. Sich durchsetzen, aber dabei auf andere mehr Rücksicht nehmen und sich geschäftliche Freunde schaffen, das war ihre Hausaufgabe.

Eva wollte noch nicht in die Firma zurück, sie war zu aufgewühlt. Sie lief einmal um den Aachener Weiher herum, der Park erinnerte sie an Sonntagnachmittags-Familienausflüge ihrer Kindheit. Sie kam an dem Büdchen vorbei, an dem sie als Kinder von ihrem Vater immer ein Eis spendiert bekommen hatten. Eva hatte immer ein Split gewählt, sie liebte die Kombination von kühlem, klarem Orangen-Wassereis außen und dem sanften Vanille-Milch-Geschmack im Kern. Wie lange hatte sie das nicht mehr gegessen, ob es das überhaupt noch gab?

Eva ging zurück, an einem neuen Hotel vorbei, das sie noch nicht kannte. Sie erinnerte sich, als sie weggegangen war, war hier eine riesige Baustelle gewesen. Sie spürte ein warmes Gefühl im Bauch, als sie das elterliche Grundstück betrat. Ein starkes Gefühl von Zuhause.

Der Wunsch nach einem Split-Leben

und warum Michael wichtig ist

Der Vormittag verging schnell. Eva las Berichte und Bilanzen, telefonierte. Sie ärgerte sich über den Bericht von Friedrich Watermann, der ihr ein paar karge Zahlen hingeworfen hatte. Plötzlich kam Heike zur Tür hereingeschlüpft. »Hast du noch mal einen Moment Zeit?«
»Ja, klar, setz dich.«
Heike blieb hinter dem Besucherstuhl stehen und umklammerte die Lehne. Sie zögerte.
»Eva, ich möchte dich bitten, das mit dem Headhunter für dich zu behalten. Bitte erzähle Rolf nichts davon.«
»Aber natürlich nicht, was denkst du denn?«
Heike sah Eva mit großen Augen an und strich nervös ihr Haar zurück. »Ich habe den Lüneburgern nämlich gerade abgesagt.«
Eva reagierte zurückhaltend, in Gedanken war sie noch bei Watermann. »Ja, prima.«
»Freust du dich nicht?« Heike sah sie bestürzt an.
Eva zwang sich zurück in die Realität. »Entschuldige, ich war in Gedanken noch ganz woanders. Was hast du gesagt?«
»Ich bleibe. Ich habe gerade der Möbelfirma in Lüneburg abgesagt. Ich dachte, äh, ich möchte dabei sein, wenn wir Hoffmann retten.«

Evas Gesicht verzog sich zu einem Lächeln. »Das freut mich, Heike. Das freut mich sehr. Du hast unternehmerischen Weitblick, du hast deine Abteilung gut im Griff und hervorragende Abschlüsse. Wir können dich als erfahrene und mutige Vertriebsleiterin gut brauchen.« Sie meinte jedes Wort, das sie sagte. Sie wunderte sich nur, dass sie innerlich eiskalt blieb. Etwas war kaputt gegangen zwischen Heike und ihr.

Dafür strahlte Heike umso mehr. »Da fällt mir ein Stein vom Herzen. Ich dachte schon, du willst deinen alten Job zurück. Als was wirst du eigentlich hier einsteigen, als Geschäftsführerin? Mit Rolf zusammen?«

Eva dachte nach. »Ich weiß es noch nicht, ehrlich, dafür ist es auch noch viel zu früh. Lass uns erst mal Bilanz ziehen. Dann sehen wir weiter.«

Als Heike das Zimmer verlassen hatte, saß Eva noch lange sinnend da. Welche Position wollte sie übernehmen? Darüber hatte sie sich noch gar keine Gedanken gemacht. Sie war Vertrieblerin durch und durch. Doch das war jetzt Heikes Job. Zweite Geschäftsführerin? Das konnte sie sich nicht vorstellen. Sie starrte vor sich hin. War denn überhaupt Platz für sie im Unternehmen? Wollten die sie überhaupt? Und an welcher Stelle? Eva merkte, dass sie schon wieder nur an die Wünsche der anderen dachte. Hallo, was wollte sie?

Sie setzte sich an den Computer und richtete einen Ordner ein: »**Eva Hoffmanns Zukunft**« – Eva musste grinsen. Dann betitelte sie eine Datei »**Stärkenanalyse**«. Womit könnte sie dem Unternehmen dienen? Zuerst fiel ihr mal alles ein, was sie nicht konnte: keine BWL-Kenntnisse, kein Finanztalent, keine Fachkenntnisse in der Produktion, und, und, und. Stopp. Sie rief sich zur Ordnung und schrieb auf »**Meine Stärken**«:

- 25 Jahre Erfahrungen in Vertrieb, Verkauf und Einkauf
- Erfahrung in Teamführung
- Andere begeistern und mitreißen können
- Gute Kenntnisse im europäischen Möbelmarkt
- Kontakte zu wichtigen Leuten in der Branche
- Verhandlungsgeschick
- Kann Dinge auf den Punkt bringen
- Offenheit für Veränderungen
- Kreative Lösungsfindung
- Abstrahierendes Denken
- Potenzial von Mitarbeitern erkennen können
- Unternehmerisches Denken und Handeln
- Menschen zuhören, unterstützen und beraten können (›Wohl erst seit meinem Berliner Park!‹ lächelte sie in sich hinein.)

Das musste erst einmal genügen. Doch wie hieß die Position für so ein Stärkenprofil? Sie stand auf und wanderte durch das große Büro. Nein, sie würde Heike nicht ihren Stuhl streitig machen. Das wusste sie genau. Sie würde auch keine Co-Führung mit Rolf wollen. Auch das war ihr klar. Personalchefin? Ein Unternehmen ihrer Größenordnung, das sicher auch noch schrumpfen würde, bräuchte diese Position sicher nicht dringend. Leiterin Buchhaltung? Sie schüttelte sich.

Eva überlegte, was ihr in den letzten Jahren am meisten Spaß gemacht hatte. Und musste wieder an Berlin denken, die fantastischen Gespräche auf der Parkbank über Veränderungen. Veränderungen anderer. Sie setzte sich erneut an ihren PC und betitelte eine Datei »Wünsche«. Sie schrieb auf »**Meine Wünsche**«:
- Ich möchte mit Menschen zu tun haben.

- Ich möchte Menschen auf ihrem Weg unterstützen und beraten.
- Ich möchte Menschen helfen, ihre Potenziale zu entdecken und zu entwickeln.
- Ich möchte verhandeln.
- Ich möchte Lösungen für Probleme finden.
- Ich möchte Projekte initiieren, leiten und abschließen.

Eva nickte mit dem Kopf. Ja das wollte sie. Und ihr fiel gleich auch noch ein, was sie nicht mehr wollte, und sie schrieb darunter:
- Ich möchte keine 80-Stunden-Woche mehr.
- Ich möchte Zeit für mich selbst.
- Ich möchte das Leben genießen.

Und wie von selbst schrieb es sich:
- Ich möchte mit Michael glücklich sein!

Sie nahm ihr Kinn in die Hände und starrte auf die letzte Zeile. Der Bildschirm verschwamm vor ihren Augen. ›Es stimmt, ich will alles‹, dachte sie, ›ich will eine interessante Arbeit, den Betrieb retten und mit Michael leben. Ich will ganz einfach mein Leben genießen. Will mich nicht aufopfern und nicht das Glück meines Lebens noch einmal verlieren. Ich will ein Split-Leben, kühle Orange und sanfte Vanille.‹ Sie musste lächeln.

»Puh«, sie stieß die Luft heftig aus. Jetzt brauchte sie nur noch eine Idee, wie sie das bewerkstelligen konnte.

Doch sogleich wurde sie aus ihren Träumen gerissen. Ein Mann im schwarzen Anzug mit Rollkragenpullover kam zur Tür herein. Hatte sie das Klopfen überhört? Sie kannte ihn nicht und sah ihm verwundert entgegen. Er war Ende 30, schätzte sie, gut aussehend, was er allerdings wohl auch wusste. Er trug ein, wie nannte man das früher, ein Menjou-Bärtchen, ziemlich affig, fand Eva.

Er fläzte sich, ohne zu fragen, auf den Besucherstuhl, sah sie kritisch an und fragte: »Gibt es ab sofort Führungskräfte der ersten und der zweiten Kategorie?«

Sie sah ihn verständnislos an. »Wie bitte?« Was wollte der Knabe von ihr?

»Ich wollte wissen, ob Sie gezielt nur mit einigen Abteilungsleitern sprechen? Haben Sie uns andere schon auf der Abschussliste?«

Jetzt ging ihr langsam ein Licht auf. »Sie sind ...?« begann sie.

»Torsten Tietze, Designchef seit einem halben Jahr, wir hatten leider nicht mehr das Vergnügen, bevor Sie, na ja, in die Psychiatrie ...« Er grinste sie frech an.

Eva war einen Augenblick fassungslos. Was nahm der sich raus? Aber sie hatte sich im Griff und ging auf die dumme Bemerkung gar nicht ein. Sie setzte wieder einmal die Charme-Offensive in Gang. Sie stand auf, ging um den Tisch herum und begrüßte ihn mit überschwänglicher Freundlichkeit.

»Herr Tietze, das ist aber nett, dass Sie zu mir kommen. Ich hätte Sie auch heute auf jeden Fall noch besucht. Ich wollte doch den Mann kennen lernen, der unserer Produktlinie einen solch neuen Schwung gegeben hat.«

Er starrte sie an und nahm dann zögernd ihre ausgestreckte Hand. Eva setzte sich wieder und rief im Sekretariat an. »Frau Mockenheim, würde es Ihnen etwas ausmachen, uns zwei Kaffee zu bringen? Herr Tietze macht mir gerade seine Aufwartung.« Dabei lächelte sie ihn verschwörerisch an. Seine Miene verdüsterte sich beim

Wort »Aufwartung« gewaltig. Eva musste innerlich grinsen.

»Ach, lieber Herr Tietze, Sie müssen wissen, ich bin gerade mal den zweiten Tag da und weiß jetzt schon nicht mehr, wo mir der Kopf steht.« Eva musste aufpassen, dass ihr Ton nicht zu gekünstelt wirkte. Sie kam sich vor wie eine Schauspielerin in einer schlechten Vorabendserie. Aber der arrogante Schnösel reizte sie doch zu sehr.

Gabi Mockenheim brachte den Kaffee. Eine kurze Pause entstand, während sie sich mit Milch und Zucker bedienten.

Eva normalisierte ihren Ton ein wenig. »Lieber Herr Tietze, erzählen Sie mir von Ihren Visionen. Wo sehen Sie die Hoffmann GmbH in einem Jahr?«

Er begann zögernd zu sprechen, redete von Lifestyle und Cocooning, von »form follows function«, redete sich in Rage und auch die meisten anderen folgenden Fachausdrücke waren in Englisch. Nun war Eva nicht umsonst jahrelang Einkäuferin in einem großen Münchner Einrichtungshaus gewesen und konnte bei dem Seifenblasengeblubber ziemlich gut mithalten. Und trotz aller Aufgeblasenheit bekam sie tatsächlich bald das Gefühl, dass dieser Tietze ziemlich viel Ahnung hatte.

Nach kurzer Zeit waren sie in ein angeregtes Fachgespräch vertieft.

»Sie müssen mir unbedingt Ihre neuen Entwürfe zeigen, ich bin sehr gespannt«, sagte Eva irgendwann. Und meinte es tatsächlich.

Torsten Tietze strahlte sie an. »Gern, ich sehe, Sie sind ja auch vom Fach. Es macht Spaß, mit jemandem zu reden, der aus dem Kölner Mustopf schon mal herausgekommen ist.«

›Junge, rede dich nicht um Kopf und Kragen‹, dachte

Eva, ›Nur weil du schon mal in Mailand gearbeitet hast, musst du noch kein Kosmopolit sein‹.

Sagte aber stattdessen: »Als Standort für eine Möbelfirma ist Köln ja nun wirklich nicht schlecht, das müssen Sie zugeben.«

Der Designchef nickte höflich, stand auf und wollte sich verabschieden, da sagte Eva ernst: »Nur dass das klar ist, Herr Tietze, es gibt nach wie vor keine Führungskräfte erster und zweiter Kategorie bei uns. Jeder, der uns helfen kann, die angeschlagene Firma zu retten, gehört zu unserer Champions League.« Lächelnd verabschiedete sie ihn. »Wir sehen uns ja nachher in der Führungsrunde. Ich freue mich sehr, Sie kennen gelernt zu haben.«

Als er die Tür hinter sich geschlossen hatte, überlegte Eva krampfhaft, ab sie noch jemanden, auch außerhalb des Führungskreises, vergessen hatte. Oh je, Frau Johanna, die Kantinenchefin! Sie war eine Institution bei Hoffmann. Fast immer schlecht gelaunt, ihre Essensgäste gerne anmaulend, aber hinter der Fassade ein herzensguter Mensch. Eva sah auf die Uhr. Höchste Eisenbahn, schon halb eins, längst Essenszeit. Sie schnappte sich ihre Tasche und ging hinüber zur Kantine, einem hellen Neubau mit viel Glas, der erst vor wenigen Jahren an die Produktionshalle angebaut worden war.

Frau Johanna, Eva wusste wirklich ihren Nachnamen nicht, schwang hinter dem Tresen die Suppenkelle. Als sie Eva sah, übergab sie den Schöpfer gleich an eine Mitarbeiterin. »Ich dachte ja, du wärst dir inzwischen zu fein für unsere popelige Kantine, Evchen«, posaunte sie, die Hände in die Hüften gestützt, durch den ganzen Raum. »Bist schon zwei Tage da, aber hast es nicht für nötig gefunden, mal vorbeizuschauen.« Die Anwesenden grinsten.

Typisch Frau Johanna. Eva musste lachen.
»Oder isst du immer noch nichts?«
Eva wurde schmerzhaft an die Zeit vor ihrem Zusammenbruch erinnert, als sie wirklich tagelang fast nichts gegessen hatte.
»Aber nein, ich habe einen Riesenhunger. Was gibt es denn heute Schönes?«
»Bratwurst mit Pommes oder Griechischen Hirtensalat. Was willste?«
Eva musste nicht lange überlegen, Frau Johannas Pommes Frites waren legendär. Selbst geschält, selbst geschnitten, in einer geheimnisvollen Fettmischung gebacken. Köstlich.
»Na dann Bratwurst.«
Frau Johanna hatte Eva schon immer Evchen genannt. Obwohl sie vom Alter gar nicht so sehr auseinander waren, zehn Jahre höchstens. Aber Eva war immer die Tochter vom alten Hoffmann für sie gewesen, als Studentin, als Besucherin und später als Vertriebschefin. Und Eva ließ es gerne zu.
»Setzt du dich kurz zu mir?« fragte sie die Kantinenchefin.
Die winkte entrüstet ab. »Während der Hauptessenszeit? Also Evchen, du solltest doch wissen, wie viel Arbeit ich mittags haben – und keine Leute ...«
›Okay, ich habe meinen guten Willen gezeigt‹, dachte Eva und widmete sich den goldgelben Pommes. Auch die Bratwurst war einfach lecker.
Aus den Augenwinkeln sah sie Jochen Bohne zusammen mit einigen Kollegen vom Betriebsrat hereinkommen. Fröhlich winkte sie ihm zu. Er tat so, als sähe er sie gar nicht. ›Oja‹, dachte Eva, ›hab's kapiert, alter Junge. Wir stehen an feindlichen Fronten. Bursche, Bursche,

das wird noch ein harter Kampf.‹ Sie überlegte, warum ihr im Zusammenhang mit Jochen immer nur Schlachtenlärm einfiel. Sie musste grinsen.

»Darf ich mich zu dir setzen? Oder möchtest du allein sein?«

Heike, mit einem Salatschüsselchen in der Hand, riss sie aus ihren Überlegungen. Im Raum wurde es plötzlich mucksmäuschenstill. Ihre erste dramatische Begegnung schien sich in der Firma herumgesprochen zu haben.

»Gerne, Heike«, sagte Eva laut und setzte ihr breitestes Lächeln auf. »Ich brauche sowieso noch deinen Rat.« Die beiden Frauen grinsten sich an und an den anderen Tischen begannen aufgeregte, halblaut geführte Gespräche.

Heike begann von sich zu erzählen, aus ihrem Privatleben, und Eva stellte einige höfliche Fragen. Bist du noch mit deinem Freund zusammen? Joggst du noch regelmäßig? Es war fast wie früher. Aber nur fast. Eva merkte, dass das freundschaftliche Band zwischen ihnen gerissen war. Auf ihrer Seite jedenfalls. Auf Heikes Fragen antwortete sie ausweichend. Der alte Schmerz war gedämpft, aber noch lange nicht geheilt.

Überhaupt überlegte Eva, ob sie nicht wie bei Jochen Bohne auch bei Heike Privates und Geschäftliches besser trennen sollte. So blieb sie recht einsilbig und verabschiedete sich bald – nicht ohne allerdings Frau Johanna für das Essen zu loben. Beim Hinausgehen bemerkte sie, dass der Betriebsrat ihr nachsah.

Eva wird wütend
und löst einen Knoten

Eva beschloss, im Führungskreis erst einmal nur zuzuhören. Trotzdem ging sie schon um fünf vor zwei hoch in den kleinen Konferenzraum im zweiten Stock. Es war stickig hier oben, als Erstes riss Eva die Fenster auf. Gabi Mockenheim hatte ihr verraten, wo ihr Bruder immer saß. Genau gegenüber, auf der anderen Seite des ovalen Tischs mit einer ausnehmend schönen hellen Eichenplatte, reservierte sie sich ihren Platz. Sie wollte zuhören und beobachten, aber selbst nicht im Fokus stehen. Noch nicht.

Es wurde zwei, sie wartete immer noch allein. Um fünf nach zwei kam Christine Opalka hinauf. Sie lachte: »Warten Sie schon lang? Ach, unsere Herren nehmen es mit der Pünktlichkeit nicht so genau. Vor viertel nach fangen wir selten an.« Eva machte sich eine Notiz. Nach und nach trafen dann die anderen ein, Fred Schnabel begrüßte die beiden Frauen überschwänglich. Deutete sogar einen Handkuss an und grinste dabei.

Torsten Tietze telefonierte, während er zur Tür hereinkam, und winkte Eva nur kurz zu. Friedrich Watermann sah sie, stutzte leicht, setzte sich missmutig auf den rechten Platz neben dem Chef und wühlte in seinen Unterlagen.

Dann kamen Rolf und Heike, ins Gespräch vertieft, setzten sich nebeneinander, Heike schrieb etwas auf. Rolf nickte Eva freundlich zu.

Als Letzter erschien Karl-Heinz Schmidt. Er begrüßte Eva mit Handschlag und setzte sich auf den freien Platz neben sie.

Rolf begann: »Wir haben nicht viel Zeit, deshalb lassen Sie uns gleich beginnen.« Und sprach ein Lieferproblem an. Eva war enttäuscht, hätte er nicht einen Satz dazu sagen müssen, dass sie mit am Tisch saß? Was dachten die anderen, was sie hier machte, in welcher Funktion sie teilnahm? Sie rutschte unruhig auf ihrem Stuhl hin und her.

Der Umgangsstil war überhaupt gewöhnungsbedürftig. Jeder knallte sein Problem in die Runde, rechtfertigte sich, machte andere verantwortlich oder schimpfte. Die anderen hörten kaum zu, geschweige denn boten sie Lösungen an. Eva dachte an das Bild der Schiffbauer, die gemeinsam ferne Lande erobern wollen. Dies hier war keine eingeschworene Crew in einem Boot, sondern jeder ruderte für sich, und das auch noch in verschiedene Richtungen. Eva spürte bald, was fehlte: gegenseitige Wertschätzung.

Eva wurde immer zorniger, je länger sie dem Meeting folgte. Sie sprachen nicht miteinander, jeder »kotzte« nur seine Punkte hinaus. Eva fiel kein anderer Vergleich ein. Gute Ansätze wurden überhört, manche Fragen total ignoriert. Wenn einer länger sprach, lehnten die anderen sich demonstrativ zurück, blätterten in Unterlagen, unterhielten sich leise oder lasen – Eva glaubte ihren Augen nicht zu trauen – ihre Nachrichten auf dem Handy.

Fred Schnabel und Heike standen immer wieder mal auf, stellten sich ans Fenster und rauchten eine Zigarette. Torsten Tietze klinkte sich irgendwann völlig aus und blätterte eine Zeitschrift durch. Rolf ließ das alles geschehen, ging sogar einmal zwischendrin hinaus, ohne Entschuldigung. Was für ein Chaos-Verein, dachte Eva.

Als er wieder zurück war, und diesmal zur Abwechslung alle durcheinander redeten, hielt es sie nicht mehr auf ihrem Stuhl. Sie sprang, ohne lange zu überlegen, auf. Die Gespräche stoppten.

Mit blitzenden Augen sah sie in die Runde. Sie begann zu sprechen, anfangs zitterte ihre Stimme noch ein wenig. Aber nach und nach wurde sie ruhiger.

»Ich bin hier nur Gast, noch, vielleicht, wir werden sehen. Bitte hören Sie mich trotzdem kurz an.« Sie machte eine kleine Pause, sah, dass Rolf fast unmerklich nickte. »Sie alle haben mir in den letzten Tagen Ihre Berichte zukommen lassen, vielen Dank für die gute Zusammenarbeit. Nach Ihren Einschätzungen sehe ich die Zukunft der Hoffmann GmbH längst nicht mehr so negativ. Die Auftragszahlen sind gut«, Eva lächelte Heike kurz an, »wir hätten also eine Überlebenschance. Wenn wir die Kosten in den Griff kriegen.« Eva machte eine kleine Pause. Niemand sagte etwas.

Sie ließ ihren Blick über die Runde wandern. Und fühlte sich ermutigt weiterzureden.

»Ich hatte das Gefühl, dass Sie alle, na ja«, sie fixierte Friedrich Watermann, »also, ich meine, dass Sie jeder Einzelne wirklich interessiert sind, unsere Firma am Leben zu erhalten.« Eva holte Luft.

Es war mucksmäuschenstill im Zimmer. Heike sah vor sich auf ihre Unterlagen, Friedrich Watermann blickte demonstrativ aus dem Fenster. Alle anderen blickten sie an.

Eva bekam Angst vor ihrer eigenen Courage. ›Ach was‹, dachte sie dann, ›ich muss das jetzt anbringen, sonst schaffen wir es nicht. Sonst können wir die Firma gleich abschreiben. Ehrlichkeit! Mut!‹ Sie sah in die Runde, ihre Stimme jetzt wieder ganz im Griff.

»Ich weiß, in den letzten Monaten hat sich viel getan, und ich stecke nicht in den Details drin. Ich weiß, dass Sie alle zu kämpfen haben und sicher gestresst sind.« Sie lächelte einmal kurz und sah, dass Fred Schnabel zurücklächelte. »Aber vielleicht hilft Ihnen ja ein Feedback von außen. Ich empfinde die Atmosphäre in diesem Raum als feindlich und zerstörerisch. Ich muss Ihnen ehrlich sagen, ich denke nicht, dass wir so die Lösungen finden werden, die wir brauchen, um Hoffmann zu retten. Wenn wir, Sie, nicht mehr an uns glauben, wer sollte es dann tun? Die Mitarbeiter? Die Lieferanten? Die Banken?«

Heike starrte sie jetzt mit offenem Mund an, Christine Opalka und Karl-Heinz Schmidt tauschten einen bedeutungsvollen Blick, Fred Schnabel kippelte auf den Hinterbeinen seines Stuhls. Friedrich Watermann sah auf Rolf.

»Frau Hoffmann hat völlig Recht, ich kann in einer solchen Atmosphäre auch nicht mehr kreativ arbeiten«, hörte sie plötzlich Torsten Tietze leise sagen, der seine Zeitschrift zugeklappt hatte. Sie sah ihn ermutigt an und fuhr ruhig fort:

»Sie wissen, dass ich diese Firma liebe und dass sie mir sehr wohl am Herzen liegt. Und Sie müssen wissen, dass ich Sie schätze«, sie vermied es, Friedrich Watermann dabei anzusehen. »Aber ich glaube, dass Sie erst wieder ein Team werden müssen, das sich gegenseitig vertraut und sich etwas zutraut.« Eva hatte einen Satz im Kopf: Der Fisch stinkt am Kopf zuerst. Aber den sagte sie lieber nicht.

Sie sah freundlich in die Runde und sagte stattdessen:

»Erfolg können wir nur haben, wenn wir alle an einem Strang ziehen«, sie zog die Augenbrauen hoch und lächelte, »und zwar zusammen von einer Seite.«

Sie erntete einzelne Lacher.

»Nur so können wir andere von der Stärke unseres Unternehmens überzeugen. Nur so können wir übrigens auch den Betriebsrat dazu bringen, Zugeständnisse zu machen.«

Eva sah ihren Bruder an und wartete auf seine Reaktion. Da er immer noch nichts sagte, fuhr sie fort.

»Ich habe mir die letzten Tage überlegt, was ich für die Hoffmann GmbH tun kann. Ich kann Ihnen versichern, dass ich Ihnen nicht ins operative Geschäft hineinfuchteln werde, aber etwas kann ich gut, das weiß ich inzwischen. Ich kann Ihnen helfen, die Kommunikation in diesem Unternehmen zu verbessern, ich kann Ihr Teamgefühl stärken, und das unserer Mitarbeiter.« Fred Schnabel hatte aufgehört zu kippeln. Sogar Friedrich Watermann sah sie jetzt aufmerksam an.

»Die Zeiten werden noch hart genug, wenigstens müssen wir ständigen Kontakt halten, uns absprechen, eine kreative Atmosphäre schaffen«. Dabei sah sie zu Torsten Tietze und nickte ihm zu. »Nicht nur im Design, sondern, wenn Sie so wollen, auch im Lösungsdesign. Ich kann Ihnen zur Verfügung stehen, wenn Sie Feedback brauchen oder einen Sparringspartner; wenn Sie Ideen besprechen wollen oder Strategien; wenn Sie Probleme mit Mitarbeitern haben oder mit Lieferanten. Ich kann Ihr Mitdenker und Mitstreiter sein, Ihr Coach und Ihre Vertraute.« Eva sah noch einmal lange in die Runde. Jetzt sahen sie alle gebannt an. »Wenn Sie es wollen.«

Als Eva wieder saß, spürte sie erst, wie ihre Knie zitterten. Ihr war heiß, Schweißtropfen kullerten ihr eiskalt den Rücken hinunter. Sie schluckte. Ihre Brandrede hatte sie doch mehr aufgeregt, als sie währenddessen gefühlt hatte. Sie schlug erschöpft die Augen nieder und wartete auf den ersten Stoß.

Wie sie erwartet hatte, ergriff als Erster Friedrich Watermann das Wort. Sie reagierte mit einem erneuten Schweißausbruch. »Finde ich gut.« Das war alles, was er sagte. Eva blickte auf. Sein Gesicht war bärbeißig wie immer. Aber er nickte ihr wenigstens zu. Eva wagte wieder zu atmen.

Nach einer langen Pause, niemand rührte sich, fuhr er fort: »Unter Ihrem Vater hätte es das jedenfalls nicht gegeben, dass hier jeder macht, was er will.« Sie wusste nicht, ob das wieder gegen sie gerichtet war.

Aber Rolf griff den Ball auf. Er war blass geworden und beugte sich zu seinem Nachbarn hinüber. »Vater lebt nicht mehr. Und die guten alten Zeiten kehren auch nicht mehr zurück, Fritz. Ich weiß, dass du mich mit deiner Kritik meinst, und ich nehme sie auch an.«

Er machte eine kurze Pause, sah nachdenklich in die Runde.

»Ich bin hauptverantwortlich dafür, dass sich die Situation so katastrophal verschlechtert hat. Und ihr wisst, dass ich nahe dran war, die Firma zu verkaufen.«

Er blickte zu Eva hinüber. »Aber mit Unterstützung meiner Schwester, davon bin ich jetzt überzeugt, können wir es vielleicht doch schaffen. Also, wenn ihr auch wollt: Ich bin bereit, sehr selbstkritisch und offen einen neuen Anfang zu machen. Und ich freue mich, wenn Eva uns ihr Wissen und ihre Erfahrung zur Verfügung stellt.« Jetzt sah er sie mit einem warmen Lächeln an.

In die anderen, die wie erstarrt dagegessen hatten, kehrte offensichtlich das Leben zurück. Torsten Tietze streckte sich, strich sich sein Bärtchen zurecht und zwinkerte Eva zu. Christine Opalka klopft leise Zustimmung auf den Tisch. Fred Schnabel sagte halblaut: »Ja, dann mal los.« Heike strahlte abwechselnd Rolf und Eva an. Karl-Heinz Schmidt raffte seine Unterlagen zusammen und rief: »An die Arbeit«. Sogar Friedrich Watermann verzog sein Gesicht zu so etwas wie einem Lächeln.

Als Rolf das Meeting beendet hatte, kam er zu ihr rüber. »Danke«, sagte er schlicht. »Du warst großartig. Morgen besprechen wir alles Weitere, ja? Zehn Uhr?« Eva nickte glücklich.

Als sie die alte Holztreppe nach unten gingen, überholte Eva den alten Haudegen Watermann, sie streckte ihm die Hand hin: »Auf gute Zusammenarbeit?« Er sah auf die Hand, ergriff sie und sagte: »Um Ihres Vaters willen.« Na wenigstens, dachte Eva. Mehr war wohl im Moment nicht zu erwarten.

Als sie an ihrem Schreibtisch saß, zog sie als erstes ihre Schuhe und ihre Jacke aus. Sie warf sich in dem Ledersessel zurück und streckte die Füße weit von sich. »Meine Güte«, sagte sie laut. »Du traust dich was!«

Wer nicht wagt, der nicht gewinnt, kam ihr in den Sinn. Sie zog den Atem tief ein und gähnte dann ausgiebig. Nach und nach fiel die Anspannung von ihr ab. Sie schloss die Augen. Wie ein Film lief die letzte Viertelstunde des Meetings immer und immer wieder vor ihrem inneren Auge ab. Und sie wunderte sich jedes Mal erneut, dass sie den Mut aufgebracht hatte aufzustehen.

Natürlich wusste Eva, dass sie erst einen kleinen Schritt in Richtung Erfolg gemacht hatte. Es würde viele schwierige Situationen geben, viele Rückschritte und sicher auch viele Enttäuschungen. Streit würde nicht ausbleiben. Untereinander und mit anderen. Aber sie hoffte, dass diese Initialzündung eine Kettenreaktion möglich machen würde an Begeisterung, gegenseitigem Verständnis und klugem Handeln. Am allermeisten freute sie sich aber darüber, dass ihre Rolle bei diesen Veränderungen plötzlich für sie selbst sonnenklar und von den anderen akzeptiert worden war.

»Beraterin der Geschäftsleitung«, sagte sie leise vor sich hin. »Klingt doch gut«. »Ist gut« korrigierte sie sich gleich darauf. Morgen würde sie sich mit Rolf zusammensetzen und die Grundlagen für ihre Zusammenarbeit festlegen. Sie würde einen Vertrag haben wollen und ein festes Gehalt, eine klare Absprache über ihre Kompetenzen und einen zeitlichen Rahmen.

Eva tauchte aus ihren Überlegungen auf, sah auf die Uhr, es war halbsechs. Draußen schien sanft die Abendsonne. Plötzlich hatte sie Lust, in die Stadt zu gehen. Ein bisschen zu bummeln, irgendwo zu sitzen und Kölner Luft zu schnuppern. Sie wollte unterm Dom sitzen, Touristen und Tauben zuschauen.

Sie lief zu ihrer Wohnung, zog sich Jeans, T-Shirt und bequeme Schuhe an und bestellte sich ein Taxi. Sie ließ sich zum Neumarkt fahren und bummelte durch die schönen Einkaufsstraßen, immer Richtung Dom. In einem hübschen Café fand sie einen wunderbaren Platz mit Blick auf die Domplatte. Erst wollte sie sich einen Tee bestellen, entschied sich dann aber um: »Ach, wissen Sie was, bringen Sie mir ein Kölsch.«

Und plötzlich verspürte sie den Wunsch, mit Michael hier zu sitzen, ihm ihr geliebtes Köln zu zeigen, mit ihm durch die Südstadt zu ziehen und in kleinen Kneipen internationale Köstlichkeiten zu essen. Köln war anders als Berlin, aber mit den Kneipen können wir mithalten, dachte sie und stieß mit sich selbst an.

Harte Gebote
sind nur der Anfang

Als Eva am nächsten Morgen ins Büro kam, stand auf ihrem Schreibtisch ein riesiger Blumenstrauß, ganz in orange. Von wem der wohl war? Evas erster Gedanke ging zu Michael. Neugierig öffnete sie die Karte. »Auf eine gute Zusammenarbeit. Rolf.« Sie lächelte und atmete gleich darauf tief durch. »Leicht wird's nicht, Bruderherz«, sagte sie halblaut vor sich hin.

Sie schaltete den PC ein und legte eine neue Datei an, »**Spielregeln**« genannt. Als Erstes schrieb sie ihre drei Grundwerte noch einmal auf:
- Ehrlichkeit
- Mut
- Wertschätzung

Darunter notierte sie, wie diese für die Zusammenarbeit grundlegenden Werte umgesetzt werden könnten, zwischen ihr und Rolf, aber auch im gesamten Führungsteam:

1. Wir machen uns gegenseitig keine Vorwürfe, das ist Energieverschwendung. Ab sofort wird nach vorne geschaut! Alte Fehler sind nicht rückgängig zu machen, neues Handeln kann sie ausbügeln oder/und verhindern, dass die gleichen Fehler noch einmal gemacht werden!

2. Nichts wird unter den Teppich gekehrt! Wir legen

Probleme offen und suchen gemeinsam nach Lösungen! Jeder fängt bei sich selbst an, etwas zu verändern!

3. Wir geben Feedback, um uns zu helfen und die Sache weiterzubringen! Empfindlichkeit ist eine Abwehrfunktion, die Veränderungen schwierig macht. Wir leisten uns den ehrlichen Meinungsaustausch!

4. Sätze wie »Das haben wir immer schon so gemacht« werden aus dem Repertoire gestrichen! Änderungen sind nötig und machbar. Wir üben eine gewisse Fehlertoleranz bei mutigen Entscheidungen.

5. Wir sind Verbündete, keine Gegner! Wir hören uns Ideen der anderen an, auch unkonventionelle, ohne sie sofort totzureden. Wir tolerieren abweichende Meinungen!

6. Wir sehen unsere Mitarbeiter als Experten auf ihrem Gebiet an, holen ihre Meinung ein, nutzen ihre Erfahrungen und greifen ihre Vorschläge auf!

7. Wir sind bereit, Unbequemlichkeiten und Einschränkungen in Kauf zu nehmen. Und verlangen das auch von anderen. Dabei handeln wir nicht willkürlich oder ungerecht!

8. Wenn uns etwas stört, sagen wir es gleich, ohne negative Emotionen anzusammeln. Wer Bedenken hat, äußert sie im Führungskreis. Einmal getroffene Beschlüsse vertreten wir geschlossen nach außen!

9. Wir bitten rechtzeitig um Hilfe, wenn wir Unterstützung brauchen. Wir helfen, wenn wir gebeten werden, oder suchen Alternativen, wenn wir selbst keine Kapazität frei haben!

10. Jeder versucht sein Bestes an seinem Platz. Gemeinsam werden wir es schaffen!

Eva lehnte sich zurück, las alles noch einmal und war mit sich zufrieden. »Die zehn Gebote erfolgreicher Teamarbeit à la Hoffmann«, sagte sie laut. Sie vergrößerte die Schrift und ließ die Datei ausdrucken. Das sah gut aus.

›Jetzt müssen wir das nur noch mit Leben füllen‹, dachte Eva und sah auf die Uhr. Gleich zehn. Sie nahm ihre Unterlagen und ging hinauf in den ersten Stock, wo Rolf sein Büro hatte. »Danke für die schönen Blumen«, sagte sie im Vorzimmer zu Gabi Mockenheim. Es war klar, dass die Assistentin diesen prachtvollen Strauß besorgt hatte.

»Freut mich, dass sie Ihnen gefallen«, strahlte diese zurück.

»Ist mein Bruder drin?«

»Ja, gehen Sie nur hinein, er wartet auf Sie.«

Eva klopfte kurz und betrat zum ersten Mal Rolfs Büro. Es war ganz in Chrom und Glas eingerichtet, das einzige Holz fand sich im schönen alten Parkettfußboden, der weizengelb glänzte.

»Danke für die Blumen«, sagte Eva erneut.

Rolf stand hinter seinem Schreibtisch auf und kam ihr entgegen. »Formidabler Auftritt gestern«, lachte er, »dein Büro müsste ein Blumenmeer sein.«

Jetzt grinsten sich die Geschwister verschwörerisch an.

»Manchmal sind die spontanen Ideen die Besten«, sagte Eva und setzte sich in einen der edlen weißen Freischwinger-Stühle an den Besprechungstisch aus mattiertem Glas. »Allerdings war ich mir nicht sicher, ob ihr mir nicht stattdessen Hausverbot erteilt.«

»Aber du hattest doch mit jedem Satz Recht«, Rolf setzte sich zu ihr. »Ich erkenne das neidlos an.«

»Du weißt ja, dass die Außensicht oft eine interessante Perspektive bietet«, versuchte Eva zu erklären.

Rolf sah sie ernst an. »Du brauchst mich nicht zu schonen. Mit ist bewusst, dass ich Fehler gemacht habe ... Und ich bin bereit, mit deiner Unterstützung in Zukunft vieles besser zu machen.«

Eva zog das Blatt mit ihren zehn Geboten aus der Mappe und reichte es ihrem Bruder.

»Dann gefällt dir das hier hoffentlich auch. Du kannst es übrigens gern ergänzen.«

Während Rolf die Punkte las, beobachtete Eva ihren Bruder. Er sah frischer aus als noch vor ein paar Tagen. Bei jedem gelesenen Punkt nickte er, einmal sah er auf: »Was heißt Unbequemlichkeiten und Einschränkungen?«

Eva überlegte kurz. »Wenn wir von unseren Mitarbeitern Opfer fordern, wird die Managerriege nicht ungeschoren davon kommen, denke ich. Ich möchte euch vorschlagen, als erste Maßnahme zu überlegen, wie viel Prozent eurer Gehälter ihr einsparen werdet, und dies der Belegschaft mitzuteilen. Über meinen persönlichen Beitrag sprechen wir dann später.«

Rolf wiegte den Kopf. »Ob wir uns damit Freunde unter unseren Führungskräften machen?«

»Diskutieren sollten wir es auf jeden Fall. Und denk dran: Wir brauchen den Betriebsrat auf unserer Seite. Je leichter wir es ihnen machen, mit uns zu kooperieren, umso besser.« Das Gespräch mit Jochen wirkt nach, dachte sie erheitert.

Rolf nickte. »Okay, werde ich zur Diskussion stellen. Hast du einen Vorschlag, wie viel Prozent?«

Eva schüttelte den Kopf. »Nein, das ist nicht so einfach. Aber wie wäre es, wenn du im Führungskreis bekannt gibst, wie viel Prozent du bereit wärst, für dich selber zu streichen, damit eine Zahl im Raum steht und dann die anderen fragst, ›Was schlagen Sie vor?‹ Ich bin sicher, dabei kommt mehr heraus, als wenn du mit einer Zahl als Muss vorpreschst.«

»Du bist wirklich eine gute Beraterin«, meinte Rolf anerkennend und las weiter.

Eva nahm sich eine Flasche Wasser, ein teures Designerwasser in einer extravaganten Aufmachung.

»Und mit solchem Schnickschnack sollten wir auch aufräumen.« Eva hielt die Flasche hoch.

Rolf blickte kurz auf und wurde rot.

»Entschuldige, das klang härter, als ich es gemeint habe«, sagte Eva kleinlaut. »Verstöße gegen die Grundregeln sollten wir mit fünf Euro in ein Sparschwein ahnden«, fügte sie entschuldigend hinzu.

»Nein, nein. Empfindlichkeiten können wir uns nicht leisten«, zitierte Rolf lachend. »Weißt du, wenn die Grundlagen stimmen, dann schadet auch ein hartes Wort nicht. Schlimm ist es, wenn man vom anderen nur Gemeinheiten erwartet. Aber wenn die Basis da ist, dann kann man eine flapsige Bemerkung wagen.«

»Stimmt. Dann muss man nicht jedes Wort auf die Goldwaage legen.« Sie sahen sich verständnisvoll an.

Rolf las zu Ende und nahm einen Stift zur Hand.

»Zwei Ergänzungen hätte ich noch. Ist doch nicht schlimm, wenn es zwölf Gebote sind?«

»Natürlich nicht.«

»Ein Punkt wäre: Zuständigkeiten und Verantwortung werden klar definiert und beachtet. Und der zweite: Wir setzen uns Zeitschienen, die für alle verbindlich sind, und vereinbaren Vorgehensweisen, wenn ich Termine nicht einhalten kann. Damit wir nicht nur schöne Ideen austauschen, sondern auch zu Potte kommen.«

»Sehr gut, das gilt dann auch für Konferenzen. Schluss mit Gelaber, stattdessen gibt eine vorher feststehende, nach Prioritäten geordnete und allen bekannte Agenda, einzuhaltende Zeitvorgaben, ein Protokoll und klare To-dos, mit Fristen, bis wann sie zu erledigen sind. Ergänze ich nachher sofort.«

»Kannst du diese Gebote am Montag in der Führungsrunde verteilen?«

»Mach ich.«

»Und jetzt zu dir«, Rolf nahm sich auch ein Designerwasser und öffnete es verlegen grinsend. »Wie siehst du deine Rolle im Unternehmen? Willst du wirklich nicht mit in die Geschäftsführung?«

Eva schüttelte den Kopf. »Nein, wirklich nicht. Erstens hielte ich es für keine gute Idee, die Zahl der Häuptlinge noch zu erhöhen, während Indianer abgebaut werden. Und zweitens, ich will ehrlich sein, zweitens sehe ich meine Rolle hier auch zeitlich begrenzt.«

Rolf verschüttete fast sein Wasser. »Was heißt denn das, du bist doch gerade erst gekommen?«

Eva war erst beim Aussprechen ihrer Sätze klar geworden, dass sie sich bereits entschieden hatte. Sie versuchte, es Rolf zu erklären.

»Ich helfe gern bei der Umgestaltung der Firma mit, werde alles tun, um die GmbH als Familienbetrieb zu erhalten. Ich stehe dir gern zur Seite, wenn wichtige Entscheidungen getroffen werden müssen, sei es bei der Vermittlung intern oder gegenüber der Bank. Ich freue mich darauf, meine Erfahrung einzubringen und Strategien zu entwickeln. Aber ich möchte nicht mehr auf Dauer ins Unternehmen eingebunden werden.«

Rolf stand auf und wanderte durchs Zimmer. »Aber warum denn nicht? Habe ich schon wieder etwas falsch gemacht?«

Eva schüttelte lächelnd den Kopf. »Nein, hast du nicht.

Mir ist nur in den letzten Tagen klar geworden, dass mir die Arbeit von außen, nenne es Beraterin oder Coach, mehr Spaß macht, als ein Teil des Managements zu sein. Wenn alles gut geht, ich mich vor mir selbst bewähre und wir es schaffen, die Firma wieder auf guten Kurs zu bringen, wer weiß, dann mache ich das vielleicht zu meinem Beruf.«

Rolf musste wider Willen lachen. »Na, du hast ja Visionen. Ich wäre froh, wenn wir bereits so weit wären.«

»Werden wir, Bruderherz, werden wir.« Eva fühlte sich aufgeräumt, im besten Sinne des Wortes. Sie hatte die Klarheit erreicht, die sie angestrebt hatte. Zu wissen, was sie wollte und was nicht. Und keine falsche Rücksicht darauf zu nehmen, was andere wohl von ihr erwarteten, auch nicht auf ihre Familie. Was ihr am besten gefiel, war die Aussicht auf ein großes Maß an Freiheit, mit wem sie arbeiten würde, wie sie arbeiten würde, und, es wurde ihr klar, auch, von wo aus sie arbeiten würde. Sie wäre völlig frei, sie könnte in New York wohnen, wenn sie wollte, oder in Köln, auf Mallorca oder in – Berlin. Ihr Herz tat einen Hüpfer.

Rolf setzte sich wieder und Eva skizzierte auf einem Blatt Papier eine Vereinbarung über ihre Beratertätigkeit.

»Ich schlage dir eine Aufteilung vor, einmal in eine monatliche Pauschale, die absolut moderat sein sollte und in die neue Gehälterphilosophie passt, und eine Erfolgsbeteiligung, wenn wir es schaffen. Dafür verzichte ich dann auf mein Erbteil. Dieser Verzicht wäre dann mein persönlicher Beitrag zur Rettung unserer Firma.«

Rolf runzelte die Stirn und überlegte. »Kommst du damit auch nicht zu kurz?« sagte er dann.

Eva lachte. »Keine Angst. Ich werde dir schon noch eine schöne Summe in Rechnung stellen. Lass mich ein, zwei Tage über die genaue Höhe nachdenken. Das wird vielleicht dann das Startkapital für mein eigenes Unternehmen sein. Und falls wir es nicht schaffen, was ich aber nur hypothetisch meine, dann suche ich mir halt einen anderen Job. So wie du auch.« Sie grinste ihn an.

»Na, da sei Eva vor.« Rolf lachte, um gleich wieder ernst zu werden.

»So, das waren jetzt die Visionen, wie sieht die harte Realität aus? Was meinst du, was wir als Erstes angehen müssen?«

Den ganzen Tag lang arbeiteten die Geschwister intensiv an einem Rettungsplan für die Hoffmann GmbH. Immer wieder holten sie Mitglieder des Führungskreises dazu. Zwischendrin brachte ihnen Gabi Mockenheim belegte Brote und Obst, und immer wieder frischen Kaffee. Erst tief in der Nacht verlosch das Licht im ersten Stock.

Banker spielen Spielchen
und beflügeln Eva

Eva hatte tief und traumlos geschlafen. Nach der Marathonsitzung war sie wie ein Stein ins Bett geplumpst und hatte gerade mal vier Stunden Ruhe gefunden. Sie drehte die Morgendusche auf kalt, um wach zu werden. Heute sollte sie beim Gespräch mit den Bankern dabei sein, darum hatten sie Rolf und Karl-Heinz Schmidt gestern gebeten. Spät abends hatten sie die Marschrichtung für die Verhandlungen festgelegt. Eva sollte vor allem die Banker beobachten und die eigene Argumentation überprüfen.

Eva saß noch beim Frühstück, als ihre Mutter anrief.
»Na, Kind, wie geht es voran?«
Eva musste lächeln – man hörte wohl nie auf, Kind zu bleiben.
»Gut, Mama, wir raufen uns zusammen.«
»Du hast ja wohl vorgestern alle beeindruckt.«
»Wer hat dir das erzählt?«
»Frau Mockenheim – ich habe sie zufällig getroffen. Sie sagt, die ganze Firma spricht über nichts anderes mehr, als dass du den Chefs mal die Leviten gelesen hast.«
Eva musste lächeln. »Sagen sie das?«
»Ja, ich bin stolz auf dich.«
»Danke, Mama. Aber heute wird es erst richtig ernst.

Wir haben gleich einen Termin bei der Bank. Und nur wenn die uns noch eine Chance gibt, können wir überhaupt weitermachen.«

»Das ist der Grund meines Anrufs. Eva, ich möchte etwas mit dir besprechen. Aber bitte hör mir erst mal zu. Hast du etwas zu schreiben?«

Eva nahm sich ein Blatt Papier und einen Stift. »Ja, Mama, ich höre.« Und die nächsten zehn Minuten sagte sie nichts mehr.

Als sie wenig später ins Büro kam, summte Eva leise vor sich hin. »Annehmen und Loslassen«, murmelte sie zwischendurch. Sie trug das brave hellblaue Kostüm mit einem rosa T-Shirt, eine Perlenkette und kleine Perlenohrringe. Sie sah sehr elegant und – wie sie fand – sehr »harmlos« aus.

Sie suchte alle nötigen Unterlagen zusammen und war gerade fertig, als Rolf und Kalle sie abholten.

»Eva, wir müssen los. Kommst du?« Die beiden Männer sahen sie verwundert an. »Schick!« sagte Karl-Heinz Schmidt.

»Ja, klar. Fahren wir mit deinem Wagen, Kalle?« Sie blinzelte dem kaufmännischen Leiter zu.

Im Auto weihte sie Rolf in den Plan ihrer Mutter ein. Rolf sank in seinem Sitz zusammen. »Warum hat sie mir das nicht erzählt?« war seine erste Reaktion.

»Weil du vor lauter Fürsorge wahrscheinlich gleich nein gesagt hättest.« Oder vor lauter Sturheit, dachte sie.

»Stimmt, hätte ich«, brummte er. Und dann grinste er.

Zu dritt liefen sie wenig später in der Bank ein. Neben Herrn Struckmeier, dem Chef der Kreditabteilung, und dem Filialleiter, den Eva seit vielen Jahren kannte, waren noch drei weitere Herren der Bank anwesend. ›Macht durch Masse‹, dachte Eva amüsiert. ›Wollen uns wohl einschüchtern.‹

Rolf war unglaublich nervös. Eva, die direkt neben ihm saß, merkte, dass ihm die Hände zitterten. Sie schenkte ihm Wasser ein. »Hier, trink etwas«, sagte sie halblaut zu ihm.

Herr Struckmeier begann das Gespräch.

»Und, was können Sie uns anbieten?« Eva war verdutzt. Was sollte das? Der Banker kam schnell auf den Punkt. Entweder die Hoffmann GmbH glich innerhalb von einer Woche ihre Konten aus, oder alle laufenden Kredite würden auf »fällig« gestellt. Das hieß, in acht Tagen wären sie endgültig insolvent.

Sie tauschte einen besorgten Blick mit Karl-Heinz Schmidt. Der schüttelte nur den Kopf. Rolf begann von den geplanten Umstrukturierungen zu berichten, von Einsparungen und der Auftragslage, genau so, wie sie es besprochen hatten.

Das schien die Menschen von der Bank überhaupt nicht zu interessieren. Achtlos legten sie den vorbereiteten Businessplan zur Seite, der die Grundlage des Gesprächs hätte sein sollen.

»Herr Hoffmann, das hilft uns überhaupt nichts. Was Sie brauchen, ist Cash. Und Sie haben kein Cash. Und Sie haben auch keine weiteren Sicherheiten. Und deshalb werden wir wohl nichts mehr für Sie tun können.« Beifallheischend sah er den Filialleiter an, der senkte den Blick. »Tut uns sehr Leid«, murmelte der.

Eva schüttelte den Kopf, seit über vierzig Jahren hatte die Hoffmann GmbH alle ihre Konten bei dieser Bank, Millionen und Millionen waren geflossen. Und nun dies. Was für ein Elend.

»An welche Summe haben Sie denn gedacht, mit der

wir Ihr Vertrauen wieder gewinnen würden?« mischte sie sich plötzlich in die Unterhaltung ein. Rolf sah sie neugierig an.

Herr Struckmeier hüstelte. Als er die Summe nannte, pfiff Karl-Heinz Schmidt durch die Zähne. Rolf klappte seine Unterlagen zu.

»Würde Sie eine Bürgschaft über fünf Millionen Euro auch zufrieden stellen?« Eva sah Struckmeier herausfordernd an.

»Liebe Dame«, sagte er. Ja, Eva glaubte ihren Ohren nicht zu trauen – er hatte tatsächlich »Liebe Dame« gesagt.

»Mit einer Bürgschaft über fünf Millionen Euro würde ich Ihnen sogar persönlich Geld leihen. Wenn Sie sie hätten«, er grinste sie herausfordernd an.

»Bitte noch einmal konkret.« Eva blieb ganz ernst. »Wie weit würden Sie uns bei unseren Bemühungen der Konsolidierung entgegenkommen, wenn wir Ihnen nächste Woche eine Bürgschaft über fünf Millionen Euro vorlegen würden? Nur theoretisch, meine ich.«

Struckmeier lächelte weiter jovial. Der Filialleiter rutschte auf seinem Stuhl hin und her, die jungen Nachwuchsbanker sahen sie interessiert an.

»Bei einer Bürgschaft in dieser Höhe könnten wir Ihnen selbstverständlich eine gewisse Frist einräumen, damit Sie Ihr Unternehmen neu ordnen könnten. Ziel müsste aber natürlich sein, die Kosten erheblich zu senken. Um eine deutliche Personalreduzierung kämen Sie auf keinen Fall herum. Und über Ihre Produktpalette und Ihre Einkaufskonditionen müssten Sie sich natürlich auch noch Gedanken machen. Mit anderen Worten: Wir bräuchten von Ihnen einen schlüssigen Plan, der – sagen wir – die nächsten zwei bis fünf Jahre im Blick hat und sowohl auf der Einnahmen- als auch auf der Ausgabenseite ansetzt. Im Grunde so etwas wie einen Businessplan, auch wenn der Begriff hier nicht ganz richtig sein mag.«

›Das lass mal unsere Sorge sein‹, dachte Eva böse, sagte aber mit einer zuckersüßen Stimme: »Könnten Sie mir das noch einmal aufschreiben?«

»Selbstverständlich. Wenn es Ihnen hilft.« Sehr überzeugt klang er nicht.

»Ja, es würde mir helfen. Können wir darauf warten?«

Damit stand sie auf, Karl-Heinz Schmidt erhob sich ebenfalls, und Rolf, der den Verzweifelten spielte, schloss sich ihnen an. In der Halle warteten sie auf das versprochene Schreiben, das ihnen tatsächlich fünf Minuten später von einem der drei Jung-Banker überreicht wurde.

»Hier, bitte, gnädige Frau.« Eva musste sich zusammennehmen, damit sie nicht zu kichern anfing.

Beim Hinausgehen lief ihnen der Filialleiter hinterher. »Frau Hoffmann, Herr Hoffmann, Herr Schmidt, es tut mir wirklich Leid. Aber mir sind die Hände gebunden. Sie wissen ja, wir Filialleiter dürfen heute so gut wie gar nichts mehr selbst entscheiden. Natürlich wäre ich Ihnen entgegen gekommen, wenn mir nicht die Hände gebunden wären. Es tut mir so leid …«

»Ist schon gut«, meinte Rolf, »Wir wissen, dass Sie immer loyal zu uns gestanden haben. Wir finden schon eine Lösung.« Zweifelnd sah ihnen der Filialleiter nach.

Schon vom Auto aus rief Eva in der Firma an und berief den Führungskreis für elf Uhr ein.

»Im Konferenzraum hat aber Frau Voss ein Treffen mit Kunden«, gab Frau Mockenheim zu bedenken.

Eva überlegte nicht lange. »Okay, bestellen Sie die Kollegen in Vaters Büro.«

Zu Rolf gewandt fragte sie: »Ist dir das recht? Der andere Konferenzraum ist belegt.« »Mach ruhig«, sagte Rolf, den nichts mehr überraschen konnte.

Um Punkt elf fanden sich alle am großen Mahagonitisch ein. Sogar Heike hatte ihre Präsentation abgekürzt, das Programm umgestellt und die Kunden mit einem Mitarbeiter in die Ausstellungsräume geschickt.

Rolf und Eva erzählten von dem Gesprächsanfang in der Bank und wie man sie dort hatte abfahren lassen. Fred Schnabel warf seine Zigarettenschachtel wütend auf den Tisch. »Diese Aasgeier«, brummte er.

Christine Opalka hatte Tränen in den Augen.

Friedrich Watermann schüttelte ungläubig den Kopf.

»Wenn der Chef noch leben würde, dann würden die sich das nicht trauen!« Und jeder wusste, wen er mit dem Chef meinte.

Eva zog das Schreiben, von Herrn Struckmeier persönlich unterzeichnet, aus der Tasche. Sie lächelte in die Runde und sagte ganz ruhig: »Es gibt da allerdings noch eine gute Wendung.«

Sie las den Brief vor.

»Fünf Millionen Euro!« Torsten Tietze zwirbelte an seinem Bärtchen, »puh, wer gibt uns fünf Millionen Euro?«

»Unsere Mutter«, sagte Rolf in das anschließende Schweigen hinein und sah Eva an. Beide lächelten.

»Sie besitzt einige Grundstücke und ist bereit, auch auf die Villa eine Hypothek aufzunehmen.« Es war Karl-Heinz Schmidt, der jetzt sprach. Alle starrten den kaufmännischen Leiter an.

»Ich habe gestern alles mit ihr besprochen. Einer Bürgschaft steht nichts im Weg, sie wird bürgen. Bereits heute früh hat ihr Steuerberater alles in die Wege geleitet.«

Plötzlich war kein Halten mehr, Fragen wurden durcheinander gerufen, Fred Schnabel schlug dem armen Torsten Tietze so heftig auf die Schulter, dass der fast unter den Tisch rutschte, und rief »Schampus für alle!« Heike lief zu Eva hinüber und drückte sie überschwänglich. Christine Opalka putzte ihre graue Hornbrille, die von der Tränenflut angelaufen war.

Und Friedrich Watermann sagte immer nur: »Die Chefin, guck dir die Chefin an.« Und jeder wusste, wen er mit Chefin meinte.

Rolf erhob die Stimme und bat die anderen um Ruhe. Als sich alle wieder einigermaßen beruhigt hatten, sah er sie ernst an. »Liebe Kollegen, freuen Sie sich bitte nicht zu früh. Unsere Arbeit geht jetzt erst los. In drei Monaten können wir vielleicht die Champagnerkorken knallen lassen. Aber vorher heißt es malochen. Wir haben nur einen Aufschub bekommen. Lasst uns alles tun, damit unsere Mutter ihre Bürgschaft nicht bereuen muss.«

Eva strahlte ihn an. So gefiel er ihr.

Nachdem die anderen gegangen waren, blieben Rolf und Eva noch sitzen. Rolf strich versonnen über die Tischplatte.

»Schöner als Glas, nicht wahr? Sinnlicher, wärmer.« Eva konnte sich die Bemerkung nicht verkneifen. Rolf lächelte nur erschöpft und winkte ab. »Ja, ja, Holz ...«

Eva hatte eine Idee, die sie Rolf noch schmackhaft machen wollte.

»Das war eine gute Runde heute, nicht wahr?« fing sie an.

»Hmm«, brummte Rolf.

»Der Raum ist perfekt für solche Meetings, findest du nicht?«

Rolf sah sich um. »Ja, hat einiges für sich.«

»Was hältst du davon, wenn wir diesen Raum zum Konferenzraum umgestalten und das Zimmer oben im zweiten Stock dem Betriebsrat zur Verfügung stellen würden?«

»Was?« Rolf sah sie entgeistert an.

Eva erzählte ihm von dem düsteren Loch, in dem sich der Betriebsrat treffen musste. Es stellte sich heraus, dass auch Rolf noch nie dort gewesen war.

»Einverstanden. Vater wäre es sicher recht. Und wenn das den Betriebsrat gewogen macht, warum nicht?« Rolf schaute sich weiter um. Sein Blick blieb am Schreibtisch hängen.

»Aber wo bleibst du?« Jetzt war er wieder hellwach.

Auch das hatte sich Eva schon überlegt. »Eine Mitarbeiterin von Kalle ist doch nicht ersetzt worden, dadurch wäre in der Buchhaltung ein Büro frei. Wäre doch nicht falsch, wenn ich zwischen Kalle und dir sitzen würde, oder?«

Rolf sah sie lange an. »Ich wusste gar nicht, was für ein Fuchs du bist. Willst du es dem Bohne sagen?«

Ja, das wollte sie. Ganz bestimmt sogar. »Und soll ich ihn auch gleich über die andere Entwicklung unterrichten?«

Rolf nickte. »Tu das. Ich gehe mal eben rüber zu Mutter.« Er stand auf. »Was machst du eigentlich am Wochenende?«

»Wie wäre es mal wieder mit Schlafen?« Eva lachte auf. »Was möchtest du denn, was ich machen soll?«

»Hättest du am Samstag Morgen zwei, drei Stunden Zeit für mich? Ich hätte gerne deinen Rat. Nenne es Coaching, wenn du magst. Du hast mich doch beobachtet. Kannst du mir ein paar Tipps geben, worauf ich achten sollte? Oder einfach die richtigen Fragen stellen?

Zum Dank lade ich dich und Mutter am Sonntag auch ganz fein zum Essen ein. Obwohl: Eigenlich bist du jetzt ja unsere Beraterin und wirst dafür bezahlt, mir zu helfen, besser zu werden.« Er lachte.

Eva lachte auch, wenn auch ein wenig seufzend. »Na klar, mache ich gern. Um zehn Uhr hier?«

»Ja, danke. Bis später.«

Diesmal machte sie den Termin mit Jochen Bohne oben im alten Konferenzraum aus. Sie bat Gabi Mockenheim, die Fenster zu öffnen und Getränke hinzustellen.

»Mache ich gern«, sagte Gabi. »Brauchen Sie sonst noch etwas, ich bin dann ab 14 Uhr weg?«

»Denken Sie dran, heute ist Freitag«, hatte auch Jochen Bohne am Telefon gesagt, »lange bin ich heute nicht mehr da.«

Eva hatte innerlich den Kopf geschüttelt – ›Freitag 14 Uhr, wie in einer Behörde, Beamtenmentalität!‹, ging ihr durch den Kopf. Sie hatte Jochen beruhigt. »Es dauert nicht lange, kommen Sie einfach gleich?«

Sie ging an lauter leeren Büros vorbei, traf Jochen auf der Treppe. Höflich ließ er ihr den Vortritt. Als sie saßen, begann Eva von den Erlebnissen in der Bank zu erzählen. Und vom Angebot ihrer Mutter.

Jochen Bohne pfiff durch die Zähne. »Spendabel, spendabel. Haben wir wohl früher ganz gut verdient, ha?«

Eva verzog das Gesicht. »Mein Gott, Neid ist offensichtlich wirklich die deutsche Form der Anerkennung. Ihnen ist es ja wohl in den letzten Jahren auch nicht schlecht gegangen? Oder? Und von einem Feierabend um 14 Uhr können Mittelständler ja wohl nur träumen.«

Jochen Bohne hob in gespielter Verzweiflung die Hände. »Ich wollte Ihre werte Frau Mutter nicht beleidigen.«

Eva tat es schon Leid, dass sie die Idee mit dem Konferenzraum überhaupt in Erwägung gezogen hatte. Sie überlegte, wie sie reagieren sollte, als Jochen Bohne plötzlich sagte: »Entschuldige, Eva, ich wollte wirklich nichts Böses über deine Mutter sagen. Sie war immer in Ordnung. Und ich gönne ihr alles, was sie hat. Schade, dass sie jetzt für die Fehler ihres Sohnes gerade stehen muss.«

Eva war halbwegs versöhnt. Sie sah Jochen lange an, seine Augen waren immer noch grün-gold gesprenkelt. Dann stand sie auf und zeigte auf den Raum. »Übrigens, wenn ihr wollt, ist das ab sofort euer Betriebsratszimmer.«

Jochen sah sie voller Unverständnis an. »Wie bitte?«

»Ja, ich habe mit Rolf gesprochen, dies ist ab sofort euer Betriebsratszimmer. Eure alte Kaschemme widerspricht ja selbst der EU-Legehennenverordnung.«

Jochens Gesicht verzog sich zu einem breiten Grinsen. Jetzt sah er aus wie ein lachendes Kamel, fand Eva. Eigentlich sehr nett.

»Brechen tatsächlich neue Zeiten an im Hause Hoffmann? Ich habe schon so etwas läuten gehört.« Er feixte. »Bist du wieder aufgenommen worden in den Schoß der Familie?«

Eva beschloss, sich nicht zu ärgern, sondern seine Frotzeleien ab sofort einfach so hinzunehmen. Sie erklärte ihm ihre Rolle, und er nickte anerkennend mit dem Kopf. »Ja, das kann ich mir gut vorstellen. Ein sanfterer Führungsstil würde sicher nicht schaden. Du wirst doch jetzt sanfter führen als damals, oder?«

»Freu dich nicht zu früh. Ob der so sanft wird, wage ich zu bezweifeln. In den nächsten Wochen kommen harte Verhandlungen auf uns zu. Die Bank hat uns drei Monate Frist gegeben, um unsere Kosten dramatisch zu senken. Und das wird nicht ohne Einschnitte in der Belegschaft gehen.«

Jochen setzte sofort wieder seine Ich-bin-der-böse-Betriebsrats-Miene auf. »Da haben wir ja wohl auch noch ein Wörtchen mitzureden.«

Eva seufzte. »Ich weiß, deshalb sitze ich ja hier mit dir. Ich würde gern zusammen mit Kalle Schmidt am Dienstag in eure erste Betriebsratssitzung hier oben kommen und euch offiziell über die Lage unterrichten. Könntest du das möglich machen?«

Jochen überlegte kurz, sah sich noch einmal um. »Okay, ich kann den Kollegen ja heute noch Bescheid sagen. Ihr dürft uns gerne hier oben besuchen.«

»Ach ja, eine Bedingung gibt es noch für den Umzug«, sagte Eva ernst. Jochens Miene verdüsterte sich augenblicklich.

»Und die wäre?«

»Du schenkst mir den Wackelstuhl aus dem alten Büro für meine Hoffmann-Sammlung.«

Jochen lachte wieder sein Kamellachen.

Erste Erfolge
und kleine Durchhänger

Am Freitagabend hatte Eva noch lange im Büro gesessen. Am Samstag traf sie sich um zehn mit Rolf. Eva war ein bisschen aufgeregt. Fremde Leute zu coachen, das konnte sie, wie sie inzwischen wusste, aber den eigenen Bruder?

Rolf erwies sich als guter Klient. Er sprach über seine Ängste, wiederum zu versagen. Über sein angeknackstes Selbstbewusstsein. Und Eva ermutigte ihn, eine Liste zu schreiben, was er aus dem Desaster der letzten Monate gelernt hatte:

- Glaube niemandem, der dir leichtes Geld verspricht. Gier frisst Hirn.
- Es gibt immer eine Lösung, auch wenn du sie noch nicht siehst.
- Zieh dich in Krisenzeiten nicht zurück, sondern such dir Gesprächspartner.
- Fehler geschehen, finde den Mut, sie rechtzeitig zuzugeben.
- Mache dir klar, was du willst, und suche dir Verbündete beim Verfolgen deiner Ziele.

Zusammen erstellten sie sein Stärkenprofil. Er konnte es gar nicht fassen, dass sie in kürzester Zeit mehr als 15 Stärken benennen konnten.

Am Schluss formulierte er fünf Grundsätze für sich, mit deren Hilfe er ein besserer Geschäftsführer sein wollte:
1. Hör auf deine Mitarbeiter. Sei offen für Kritik und Anregungen. Sprich mit ihnen so offen und so rechtzeitig, wie es geht, über die notwendigen Maßnahmen.
2. Vertraue deinem Team. Überlass jedem so viel Verantwortung wie möglich, übe nur so viel Kontrolle aus wie notwendig.
3. Habe den Mut zu klaren Ansagen. Führung bedeutet, auch mal den Unwillen Einzelner aushalten zu können.
4. Behalte das Ganze im Auge und triff die richtigen Entscheidungen – orientiert an dem, was du wirklich willst –, auch wenn sie wehtun.
5. Schätze jeden deiner Mitarbeiter, auch die, von denen die Firma sich trennen muss, und tue alles, um ihnen eine neue Chance zu ermöglichen.

Für sich selbst schrieb er dazu: »Kein Designerwasser mehr und keine anderen Extravaganzen. Sei ein kluger Handwerker in einem modernen Handwerksbetrieb.«

Eva musste lachen, als er ihr das vorlas.

Nach dem Coaching, das bis in den späten Nachmittag dauerte, war sie total erschöpft. Eva konnte sich gerade noch drei Eier in die Pfanne hauen. Schon bei der Tagesschau schlief sie auf dem Sofa ein und schleppte sich um Mitternacht völlig verlegen ins Bett.

Das Wochenende verging wie im Flug. Sonntagvormittag saß sie schon wieder im Büro und packte ihre Unterlagen zusammen, um am Montag in ihr neues Zimmer in den ersten Stock zu ziehen. Zum zweiten Mal räumte sie den alten Schreibtisch ihres Vaters aus, aber welch ein Unterschied war dies in Vergleich zum letzten Mal. Voller Freude trug sie ihren Karton nach oben.

Mittags kam Rolf mit seiner Frau und seinem Sohn vorbei und lud, wie versprochen, Mutter und Schwester zu einer Fahrt ins Blaue ein. Sie waren alle gut gelaunt. Mit ihrer Schwägerin hatte sich Eva immer schon gut verstanden, auch wenn sie sich selten sahen. Nicki, ihr Patensohn, war inzwischen zwölf, ein aufgeweckter Junge, der sich auch mit Begeisterung in der Werkstatt rumtrieb und zum Schrecken seines Vaters Tischler werden wollte.

»Warum nicht«, sagte Eva. »Schadet gar nichts. War dein Großvater auch. Kannst ja nach der Lehre immer noch studieren. Wenn du willst. Muss aber auch nicht sein.« Im Siebengebirge aßen sie in einem zauberhaften kleinen Restaurant und hatten viel Spaß. Eva hatte das erste Mal seit langem wieder ein gutes Familiengefühl. Fröhlich kehrte sie Sonntagabend in ihre Wohnung zurück.

Als sie sah, dass ihr Anrufbeantworter blinkte, fiel ihr plötzlich siedendheiß ein, dass sie vergessen hatte, Michael von der ganzen Entwicklung zu berichten. Sie versuchte es bei ihm zu Hause, auf dem Handy, doch überall lief nur die Mailbox. Sie sprach aufs Band, entschuldigte sich und überlegte, ob sie ihm eine Andeutung über ihre Lebenspläne machen sollte. Ließ es aber dann. Das musste sie ihm persönlich erzählen.

Am Montag jagte eine Konferenz die andere. Nebenbei wurde Evas Büro eingerichtet, der Computer installiert, das Telefon umgestellt. Um all das kümmerte sich Gabi Mockenheim. Eva war froh darüber.

Rolf brachte im Führungskreis, der inzwischen fast täglich tagte, seinen Vorschlag mit der Gehaltsreduzierung auf die Tagesordnung, er würde sein Geschäftsführergehalt um 20 Prozent kürzen. Die anderen Führungskräfte einigten sich auf einen freiwilligen Verzicht von 15 Prozent vom Nettogehalt, beschränkt erst einmal auf ein Jahr. Nicht alle waren hingerissen von dem Entschluss, brachten Familie, Hausbau und andere Projekte zur Sprache. Aber sie sahen auch, dass dies ein gutes Signal an die Belegschaft wäre.

Eva und Kalle Schmidt bekamen den Auftrag, im Gespräch mit dem Betriebsrat die Neuigkeit als Erste zu verkünden. Genauso wie die Tatsache, dass Eva ab sofort offiziell als Beraterin der Geschäftsleitung agieren würde. Der kaufmännische Leiter hatte ihre Vorstellungen über die Bezahlung überprüft und mit dem Steuerberater besprochen, es stand ihnen nichts mehr im Wege. Noch diese Woche konnte sie ihren Vertrag unterschreiben.

Eva verteilte die zwölf Gebote für die zukünftige Zusammenarbeit. Und beobachtete mit Herzklopfen, wie die anderen sie lasen.

Fred Schnabel grinste beim Lesen und sah sie danach spitzbübisch an, »Aha, die Idee für Unbequemlichkeiten und Einschränkungen kam wohl von Ihnen?« Eva zuckte lächelnd die Schulter.

Torsten Tietze nickte unentwegt und setzte mit seinem Designerfüller lauter lila Ausrufezeichen neben die Punkte.

Christine Opalka kreuzte zwei Punkte an und sah dann gedankenverloren vor sich.

Friedrich Watermann überflog das Papier mit zusammengezogenen Augenbrauen. Legte es dann zur Seite und starrte aus dem Fenster.

Heike Voss nagte beim Lesen nervös an ihrer Unterlippe und sah dann nachdenklich zu Eva hinüber.

Rolf und Kalle Schmidt kannten das Papier ja schon und warteten ebenfalls neugierig auf Reaktionen.

Christine Opalka meldete sich als Erste zu Wort. »Finde ich im Prinzip sehr gut. Ich habe nur zwei Fragen. Erstens, was verstehen Sie unter Fehlertoleranz?« Da sprach die Chefin der Qualitätssicherung. Eva musste lachen.

Rolf antwortete ihr: »Keine Angst, Frau Opalka, damit meinen wir nicht, dass ab sofort lustig Fehler gemacht werden dürfen, egal, ob die Möbel zusammenkrachen. Sondern es geht darum, dass bei mutigen Entscheidungen natürlich auch manche Fehlentscheidung dabei sein wird. Aber wir wollen eine Zusammenarbeit, die Versuche und Selbstverantwortung nicht bestraft.«

Christine Opalka nickte. »Okay, verstanden. Meine zweite Frage richtet sich auf die angesprochenen Vorgehensweisen in Punkt 11, falls Termine nicht eingehalten werden können. Welche Vorgehensweisen meinen Sie?«

Rolf nickte. »Prima, dass Sie das ansprechen. Ich wollte Sie nämlich sowieso bitten, so genannte Eskalationspfade zu entwickeln, also Vorgehensweisen, wenn jemand die Zeitvorgaben nicht einhalten kann. An wen berichtet er das, wie geht es dann weiter? Könnten Sie sich vorstellen, uns innerhalb einer Woche Vorschläge dazu zu machen?« Christine Opalka nickte. »Mach ich gern.«

Eva wusste, dass die Ingenieurin solche Tüftelarbeiten liebte, sie sah sie jetzt schon Organigramme und Prozess- und Steuerungspläne aufbauen.

Rolf sah in die Runde: »Noch Fragen?«

Torsten Tietze meldete sich zu Wort, er sah skeptisch in die Runde. »Das klingt alles sehr gut. Jetzt müssen die Herren und Damen Kollegen nur noch bereit sein, die

Regeln auch wirklich anzuwenden. An dieser konstruktiven Offenheit haperte es ja in der Vergangenheit gewaltig.«

Bevor Eva etwas dazu sagen konnte, brummte Friedrich Watermann: »Paragraph eins, ab sofort wird nach vorne geschaut.« Alle, auch der Designer, lachten. Und das Papier war angenommen.

Als Eva nach dem Essen in ihr neues Büro zurückkam, sah sie als Erstes das Schwarzwaldbild hinter ihrem Schreibtisch hängen. Sie lief in Rolfs Büro. »Was soll das mit dem Bild? Hast du das angeordnet?«

Er war verwirrt: »Ich dachte, du magst das Bild? Ich wollte dir eine Freude machen.«

Eva setzte sich. »Das ist nett von dir. Aber das nächste Mal fragst du mich bitte, bevor du mir etwas Gutes tun willst. Es ist zu groß für das kleine Zimmer, und außerdem zu finster, ich möchte es nicht ständig im Rücken haben. Und das arme, einsame Bommelhut-Mädchen will ich mir auch nicht jeden Tag anschauen. Würdest du das gern?«

Rolf schüttelte den Kopf. »Nein, auch nicht. Entschuldige, ich hätte dich wirklich erst fragen sollen. Ich lasse es gleich wieder abhängen. Vielleicht sollte es unten im Konferenzraum bleiben? Oder noch besser, ich frage Mutter, ob sie es haben möchte. Wenn nicht, dann kommt es in den Keller. Basta.«

Eva ging in ihr Büro zurück und hängte das Bild gleich selbst ab. Es war verdammt schwer. Dann versuchte sie noch einmal, Michael zu erreichen. Seine Sekretärin wusste nicht, wann er von seinem Termin zurückkommen würde. Eva wurde unruhig. Sie schrieb ihm eine SMS: »Muss dich unbedingt sprechen, bitte versuch es noch einmal. Eva.« Erst wollte sie noch wie ein Teeanger hinzufügen »I love you«, aber dann traute sie sich doch nicht.

Am Abend war sie bei ihrer Freundin Monika zum Essen eingeladen. Sie stocherte müde in ihren Käse-Makkaroni und erzählte von den anstrengenden letzten Tagen. »Willst du als Nachtisch eine Massage?« fragte sie die Freundin.

»Aber nix, was wehtut«, wehrte Eva ab. »Das kann ich jetzt nicht gebrauchen.«

Kurz darauf lag sie auf einer Klangliege, ihr ganzer Körper vibrierte von der Musik, die durch die Wassermatratze tönte. Und bekam eine so sanfte ayurvedische Ölmassage, dass sie glaubte, ihre Knochen würden schmelzen. Schon im Taxi kämpfte sie gegen den Schlaf an. Zu Hause fiel sie nur noch ins Bett.

Am nächsten Morgen war sie wieder fit. Für elf Uhr war die Betriebsratssitzung anberaumt worden. Und vorher wollte sie sich noch mit Kalle und Rolf besprechen. Sie ging die paar Schritte hinüber zum Büro, als sie jemand rief. Sie drehte sich um.

Friedrich Watermann stand vor der Lehrwerkstatt und kam nun auf sie zu. Seltsam, so viel Angst sie vorher vor dem betrieblichen Leiter gehabt hatte, so vertraut war er ihr inzwischen. Er grüßte sie freundlich, druckste dann ein bisschen herum.

»Ja, Herr Watermann?« Sie sah ihn auffordernd an.

»Frau Hoffmann, ich wollte nur sagen, es tut mir Leid, dass ich am Anfang so schroff war. Aber ich habe mir echt Sorgen um den Betrieb gemacht. Es hängt doch so viel dran. Also, ich wollte nur sagen«, es fiel ihm offensichtlich schwer, »also, ich freue mich, dass Sie uns beraten. Und wollte fragen, ob ich Sie mal in unsere Abteilung einladen darf. Ich würde gerne mal etwas für das

Wir-Gefühl in der Produktion machen. Da hapert es nämlich ein bisschen.«

Das glaube ich, dachte Eva, und erinnerte sich an die unfreundliche Behandlung am ersten Tag.

»Gern, Herr Watermann, heute und morgen habe ich noch wenig Zeit, aber wäre es Ihnen recht, wenn wir uns am Donnerstag mal zusammensetzen und überlegen würden, was wir tun könnten?«

»Ja, natürlich, kein Problem, Donnerstag ist gut. Abgemacht. Wollen wir mittags zusammen in die Kantine essen gehen?«

Eva nickte, sie freute sich. Ein Gefühl der Dankbarkeit erfüllte sie. Wie es aussah, hatte sie ihre Aufgabe gefunden: anderen Menschen helfen, ihren Weg zu finden, sie unterstützen, sich auf diesem Weg durchzusetzen und erfolgreich zu sein.

*Dicke Bretter bohren,
Misstrauen abbauen*
– und wie es wohl
weitergeht?

Um Punkt elf betraten Eva und Karl-Heinz Schmidt das neue Beriebsratsbüro. Als Erstes entschuldigten sie Rolf, der mit Wirtschaftsprüfern zusammensaß, und Kalle stellte Eva als neue Beraterin der Geschäftsleitung vor. Die Betriebsräte begrüßten sie zurückhaltend.

Außer Jochen Bohne waren noch drei Männer aus der Produktion und eine Frau aus der Spedition anwesend. Eva kannte die Frau flüchtig, sie hieß Barbara Lässig, war um die vierzig und eine Mitarbeiterin von Fred Schnabel. Die anderen stellten sich als Hans Jahnke, Rüdiger Maier und Christian Becht vor. Jochen Bohne bedankte sich für das neue Büro. Dann waren die Nettigkeiten ausgetauscht und Karl-Heinz Schmidt berichtete vom aktuellen Stand.

Die Betriebsräte verzogen keine Miene, Barbara Lässig schrieb eifrig mit. ›Haben sie eine Frau zum Protokollführen gefunden‹, dachte Eva bissig.

Der kaufmännische Leiter berichtete auch von den Forderungen der Bank: spürbare Kosteneinsparungen innerhalb von drei Monaten, sonst würde die Kreditlinie gekündigt. Er erzählte von der Bürgschaft durch die Seniorchefin. Und er verkündete die Entscheidung der Geschäftsleitung, als Erstes sofort 15 Prozent der Managergehälter einzusparen. Einer der drei Männer, Christian Becht, klopfte auf den Tisch, stoppte aber schnell, als die anderen ihn ansahen.

Eva übernahm das Wort. Sie sah in die Runde. »Kostensenkung bedeutet aber natürlich auch Personalabbau, wie Sie sich denken können. Die Bank erwartet einen Abbau von mindestens 20 Prozent der Stellen.«

Die Betriebsräte wurden unruhig. Jochen Bohne lehnte sich vor. »Das kommt ja überhaupt nicht in Frage.«

Eva ließ sich nicht beirren. »Die Hoffmann GmbH leistet sich heute einen Personalstand, der in den fetten Jahren, Ende der Neunziger, vielleicht noch angemessen war, jetzt aber nicht mehr zu tragen ist. Außerdem werden wir über Arbeitszeiten und Überstunden verhandeln müssen. Und zwar, ob uns das passt oder nicht. Wir haben derzeit nicht die allergrößte Wahl. Ich möchte Ihnen ganz ehrlich sagen, was noch alles in der Überlegung ist. Wir müssen über die Schließung von Abteilungen nachdenken, auch über Outsourcing. Wir werden über Abgruppierungen reden müssen und über Lohnkürzungen.«

Sie sah Jochen ernst an. »Ich kann Ihnen versichern, dass wir alles tun wollen, um sozialverträgliche Lösungen zu finden. Aber dafür brauchen wir Ihre Mithilfe.«

Kalle Schmidt sekundierte ihr: »Wir müssen alles tun, um so bald wie möglich wieder Gewinne verbuchen zu können. Die Bank will wieder bessere Margen sehen, wenn es geht zweistellige. Unsere Auftragslage ist Erfolg versprechend. Da müssen wir uns gar nicht so viele Sorgen machen. Aber ein guter Umsatz reicht nicht, wir müssen die Kosten massiv runterfahren. Sonst hat Hoffmann keine Überlebenschance.«

Jetzt übernahm wieder Eva. »Wir werden Posten für

Posten durchgehen und schauen, wo wir einsparen können. Das gilt für den Einkauf wie für unsere Produktpalette. Wir haben festgestellt, dass wir mit 20 Prozent unserer über 400 Produkte 75 Prozent des Umsatzes machen. Wir werden uns von einigen liebgewonnenen Gewohnheiten trennen müssen, und zum Beispiel die Zahl der Produkte erheblich verkleinern, vor allem die der arbeits- und damit kostenintensiven.«

Hans Jahnke, der als Maschinenführer arbeitete, protestierte heftig. »Aber das können Sie doch nicht machen.«

Eva sah ihn nachdenklich an. »Herr Jahnke, jetzt rächt sich leider, dass wir bei der Übernahme des Betriebs von unserem Vater keine großen Veränderungen vorgenommen haben. Diese Altlast tragen wir jetzt fünf Jahre mit uns herum. Deshalb wird der Schnitt heute leider brutaler, als wir uns alle wünschen. Auf der anderen Seite haben wir die Chance für einen Neubeginn. Andere Betriebe wären froh über diese Aussichten.«

Der dritte Betriebsrat, Rüdiger Maier, um die dreißig, unterbrach sie. »Andere haben vielleicht auch besser gewirtschaftet und nicht so viel Geld zum Fenster rausgehauen. Wir denken ja gar nicht daran, jetzt die Kollegen zu opfern, weil Sie jahrelang Fehler gemacht haben.«

Eva wandte sich ihm zu, sie konnte ihn ja verstehen. Deshalb sagte sie auch: »Ich verstehen Ihren Zorn. Darum sprechen wir ja auch so offen mit Ihnen. Wir bitten Sie, mit uns gemeinsame, kreative Lösungen zu finden, sodass wir möglichst viele Kollegen behalten können, und trotzdem die Kostenlage verbessern. Vielleicht haben Sie ja viel bessere Ideen, auf die wir gar nicht kommen. Sie sind doch die Experten an der Maschine, in der Verarbeitung, im Ein- oder Verkauf. Wir sind für jede Anregung dankbar und werden alles, was möglich ist, gerne umsetzen.«

»Ach, jetzt sollen wir wohl den Schwarzen Peter ziehen und Ihnen die Drecksarbeit abnehmen? Das wäre Ihnen wohl recht«, hakte Rüdiger Maier nach.

Eva seufzte. Kalle Schmidt sprach weiter. »Es geht darum, die Gretchenfrage zu stellen: Ist der Betriebsrat bereit, auch schmerzhafte Lösungen mitzutragen, oder nicht? Wir wissen von den Kollegen, dass sie durchaus bereit sind, Opfer zu bringen. Sagen Sie uns, wo Ihre Schmerzgrenze ist.«

»Sie sollte möglichst nicht da liegen, wo die Bude zugemacht werden muss«, murmelte Eva halblaut. Und fuhr dann fort. »Wir haben uns zum Ziel gesetzt, ehrlich und offen mit Ihnen zu verhandeln. Wir wollen keine Zustimmung von Ihnen erpressen oder erkaufen, sondern wollen gemeinsam Lösungen finden ...«

Hans Jahnke schnaufte empört und wollte widersprechen. Barbara Lässig fiel ihm ins Wort: »Lass sie doch mal ausreden!«

Eva sah sie dankbar an. »Sie werden sicher in einer Betriebsversammlung das Thema ansprechen wollen. Ich glaube, je offener auch Sie mit den Kollegen über die anstehenden Probleme reden, umso besser. Herr Hoffmann, also mein Bruder, wird Ihnen auf der Versammlung gerne Rede und Antwort stehen.«

Kalle Schmidt zog überrascht die Augenbrauen hoch, übernahm aber dann: »Ich muss Sie nicht daran erinnern, dass nach dem Betriebsverfassungsgesetz Betriebsrat und Geschäftsführung verpflichtet sind, zum Wohl der Firma zusammenzuarbeiten, nicht nur zum Wohl der Mitarbeiter.«

Jochen Bohne richtete sich auf: »Nein, Herr Schmidt,

das müssen Sie nicht. Das wissen wir schon selbst. Und natürlich wissen wir auch, dass es den Kollegen und Kolleginnen nur gut geht, wenn es auch dem Betrieb gut geht. Also, ich kann Ihnen im Namen des Betriebsrats auf jeden Fall zusichern, dass wir ernsthaft und konstruktiv an Lösungen mitarbeiten werden, die möglichst vielen Kollegen ihren Arbeitsplatz behalten helfen.«

Barbara Lässig und Rüdiger Mayer nickten.

»Wir werden Ihnen rechtzeitig zeigen, wann die Schmerzgrenze erreicht ist ... Aber unser grundsätzliches Okay zur Zusammenarbeit kann ich Ihnen anbieten, da bin ich mit den Kollegen sicher einig«, fügte er hinzu und sah ernst in die Runde. Jetzt nickten alle, wenn auch zögerlich.

Aber er war noch nicht fertig. »Unsere Bedingung ist absolute Offenheit, keine Tricks und keine Spielchen. Ein klares Konzept und ein roter Faden in der Umgestaltung, die uns überzeugen. Wir müssen den Kollegen klar machen, dass es sich lohnt, Opfer zu bringen, und dass sie so die Zukunft des Betriebs tatsächlich sichern. Damit wir in ein paar Jahren nicht wieder vor dem Desaster stehen.«

Seine Kollegen klopften jetzt lauten Beifall auf den Tisch.

Eva und Kalle sahen sich an, nickten kurz. Der kaufmännische Leiter bedankte sich für das Angebot: »Damit können wir die Weichen stellen. Auf gute Zusammenarbeit.«

Sie standen auf. Jochen erhob sich ebenfalls und brachte sie zur Tür. Er lächelte sie an und schüttelte ihre Hand: »Kalle, Eva, auf gute Zusammenarbeit.«

Als sich die Tür hinter ihnen schloss, war Eva so erleichtert, sie hätte die Treppe runter tanzen können.

Kalle stoppte sie. »Langsam, langsam, wir haben ja noch nicht einmal angefangen zu verhandeln.«

Aber Eva ließ sich nicht stoppen. »Wenn wir Jochen als Verbündeten haben, dann schaffen wir es auch, dicke Bretter zu bohren. Glaub mir, Kalle.«

Sie saßen noch lange in seinem Büro zusammen und besprachen die nächsten Schritte. Dann kam Rolf dazu und sie berichteten ihm aus der Sitzung. Von der grundsätzlichen Bereitschaft zur Zusammenarbeit. Er war erleichtert. »Gut gemacht.«

Eva sah ihn schuldbewusst an: »Ach, übrigens, ich habe versprochen, dass du demnächst auf einer Betriebsversammlung der Belegschaft Rede und Antwort stehen wirst. Darüber hatten wir vorher noch nicht gesprochen.«

»Was hast du?« Er war entsetzt. »Hast du mich schon mal vor einer größeren Versammlung erlebt? Was meinst du, warum der arme Kalle das immer übernehmen muss? Gib mir ein Mikrofon in die Hand, und ich krächze nur noch. Das wird ein Desaster.«

Eva grinste. »Ich hab es aber versprochen. Und überhaupt, wofür hast du jetzt eigentlich einen Coach? Wenn du nicht reden kannst, dann wirst du es lernen müssen. Schließlich bist du hier der Boss.«

Rolf schüttelte den Kopf und murmelte vor sich hin.

Am Nachmittag, als Eva am Computer saß, kam Heike vorbei. »Klopf, klopf, möchte hier vielleicht jemand einen Zwetschgenkuchen?« Eva besorgte Kaffee, und die beiden machten sich über den Kuchen her.

Zwischen zwei Bissen sagte Heike: »Weißt du, dass du gar nicht mehr wiederzuerkennen bist?«

Eva sah hoch: »Wie meinst du das?«

»Du wirkst so ausgeglichen, so gelassen, so souverän. Wie du unsere Herrenriege im Griff hast, alle Achtung.«

Eva musste lachen. »Findest du?«

Heike nickte ernsthaft. »Es gefällt mir. Du hast einen guten Stil gefunden. Du kannst dich durchsetzen, hinterlässt aber keine Blutspur mehr hinter dir.«

Eva prustete in ihren Kuchen. Beide lachten, bis ihnen die Tränen kamen und Kalle zur Tür hereinschaute.

Noch als sie abends zu ihrer Wohnung hinüberging, war Eva so beschwingt, dass sie am liebsten Luftsprünge vollzogen hätte. Sie wusste, dass sie mit Jochen rechnen konnte. Dass es sicher harte, aber faire Verhandlungen geben würde. Sie freute sich darüber, wie gelöst sie heute mit Heike geredet hatte. Und sie war jetzt endgültig überzeugt, dass sie alle zusammen die Hoffmann GmbH retten konnten.

Sie machte sich ein paar Brote, öffnete eine Flasche Rotwein und setzte sich auf ihre kleine Terrasse. Es war ein herrlicher Abend, die Sterne funkelten. Eva war rundum zufrieden mit sich. Fast rundum. Sie lief nach drinnen, um das Telefon zu holen. Jetzt war es aber höchste Zeit, Michael zu informieren. Sie versuchte es auf seiner Privatnummer, auf dem Handy, keine Antwort. Sie probierte es im Büro. Überall liefen nur die Bänder »Ich bin zur Zeit leider nicht zu erreichen, bitte sprechen Sie …«

Eva hörte ihre Anrufbeantworter ab, kein Anruf von ihm. Jetzt wurde sie doch unruhig. Sie ging zu ihrem Schreibtisch und suchte die Nummer von Sonja und Stefan raus, ihren anderen Berliner Freunden. Auch die hatte sie schon lange anrufen wollen. Eva bekam ein schlechtes Gewissen.

Stefan meldete sich.

»Hallo, Stefan, hier ist Eva.«

»Sonja«, schrie er, »Sonja, komm mal, Eva ist dran.«

Sie hörte seine Freude, als es aus ihm heraussprudelte:

»Mensch, Eva, wie geht's? Wie schön, von dir zu hören. Wir vermissen dich. Wie ist es dir ergangen? Die Kinder fragen immer wieder, wann du uns jetzt mal endlich besuchen kommst. Bist du in Berlin? Nein, in Köln? Was macht dein Bruder, hast du ihn verkloppt? Nein? Was?«

Eva erzählte in wenigen Sätzen, was sich in den letzten acht Tagen abgespielt hatte. Meine Güte, sie war gerade mal eine gute Woche wieder da. Und so viel war geschehen. Stefan übergab den Hörer an seine Frau.

»Wann kommst du zurück nach Berlin?« war Sonjas erste Frage.

»Ach, Sonja«, Evas Euphorie verschwand. »In der nächsten Zeit nicht, du, ich habe hier so viel zu tun.«

»Und Michael?«

Eva schluckte. »Ich versuche seit Tagen, ihn zu erreichen. Aber er ruft nicht zurück, immer läuft nur das verdammte Band. Sonja. Weißt du nicht, wo er ist?«

»Er hat auch viel zu tun, glaube ich. Am Wochenende haben wir uns kurz gesehen. Wolltest du nicht eigentlich kommen?«

Eva sagte nichts, Sonja fuhr fort. »Und momentan ist er, glaube ich, verreist.«

»Davon hat er mir gar nichts erzählt«, wunderte sich Eva. Aber wann hätte er auch? Sie fühlte sich jetzt absolut mies. Sie hatte tatsächlich ihren besten Freund, den Mann, der ihr vor kurzem seine Liebe gestanden hatte, vergessen.

Stopp, sagte Evas innere Stimme. Beschimpf dich nicht so gnadenlos. Vielleicht war das alles kein Wunder bei den Entwicklungen der vergangenen Woche? Er wird es verstehen, beruhigte sie diese Stimme.

»Sonja, wenn du ihn sprichst, sag Michael doch bitte, er soll mich unbedingt anrufen. Oder mir auf dem Anrufbeantworter hinterlassen, wann ich ihn erreichen kann. Ich habe so gute Nachrichten, auch für ihn.« Und sie schilderte Sonja ihre Pläne.

Die freute sich mit ihr.

»Oh, dann haben wir dich ja vielleicht doch bald öfter bei uns in Berlin? Das wäre schön. Ich versuche auf jeden Fall morgen auch, Michael zu erreichen. Das verspreche ich dir.«

Sie übergab den Hörer wieder an Stefan.

»Und du, pass auf dich auf, Eva. Lass dich nicht auffressen von deiner Firma.«

Eva erinnerte sich an Gespräche in ihrem Berliner Park, wo sie ihm vor einigen Monaten das Gleiche gesagt hatte, als seine Ehe und seine Karriere kurz vor dem Scheitern standen. »Wie steht es um eure Pläne, wann fängst du in der IT-Firma an? Läuft alles so, wie du dir das vorgestellt hast?«

»Am 1. November wechsle ich, wie geplant. Drei Tage im Büro arbeiten, zwei Tage zu Hause. Ich kann dir gar nicht sagen, wie sehr ich mich darauf freue. Vorher machen wir mit den Kindern noch mal eine Woche Urlaub. Sonja beginnt danach auch tageweise zu arbeiten. Bei einem Freund von uns, der sich gerade selbstständig gemacht hat. Mit Michael habe ich alles geregelt, er hat mir meinen Teil der Firma abgekauft, aber das hat er dir sicher schon erzählt.«

›Wenn ich ihm zugehört hätte‹, dachte Eva.

Sie verabschiedeten sich und versprachen, regelmäßig Kontakt zu halten. Und verabredeten sich auf ein Bier in Berlin.

Eva legte auf und starrte in den Nachthimmel. ›Kommt alles wieder‹, beruhigte sie sich und nahm einen Schluck Wein. ›Warte es doch einfach ab.‹

Als sie am nächsten Morgen ins Büro kam, stand ein zweiter Blumenstrauß neben dem schönen orangenen, der sich immer noch hielt. Sie warf ihre Handtasche auf einen Stuhl und stürmte in Rolfs Büro.

»Also, Rolf, das ist ja sehr lieb von dir mit den Blumen, aber jetzt ist es dann auch gut. Wir wollten doch sparen, das weißt du doch.«

Rolf sah sie entgeistert an. »Welche Blumen?«

Eva wurde rot, murmelte »Tschuldigung, vergiss es!« und lief zurück in ihr Büro. Sie suchte die Karte, die an das Papier getackert war. Wer sollte ihr sonst Blumen schicken? Kalle? Jochen? Na, so weit ginge die Liebe ja wohl doch nicht.

Ihre Hände zitterten, als sie las: »Wenn du nicht zu mir nach Berlin kommst, muss ich wohl zu dir nach Köln kommen. Ruf mich an, wenn du Zeit hast.« Und darunter die Nummer des neuen Hotels in der Nähe. Woher hatte Michael ihre Adresse? Und wusste, dass dieses Hotel in der Nähe lag?

In dem Augenblick kam Gabi Mockenheim zur Tür herein. Betont unbeteiligt sagte sie: »Schöne Blumen, bald können wir ja einen Laden damit aufmachen.« Und konnte sich dann doch ein Grinsen nicht verkneifen.

»Haben Sie mit Michael, äh, ich meine, mit meinem Freund gesprochen?«

»Ja, am Montag, aber ich durfte Ihnen nichts sagen. Es sollte eine Überraschung sein. Eine nette Stimme hat er.«

Eva starrte wie hypnotisiert auf die Karte. »Gabi, Sie müssen mir helfen, bitte, ich brauche zwei Stunden, können Sie meinen Termin mit Herrn Tietze verschieben? Es ist ein Notfall.«

»Aber klar«, sagte die Assistentin strahlend. »Gehen Sie nur.«

Eva rannte die Strecke zum Hotel fast. An der Rezeption erfuhr sie: »Der Herr sitzt gerade im Frühstücksraum.«

Es wurde ein filmreifer Kuss, und es störte sie nicht, dass der ganze Frühstücksraum zusah.

Wenig später liefen Eva und Michael Hand in Hand durch den Park um den Aachener Weiher. Sie kamen an eine grüne Bank, die zwischen den Bäumen stand. Sie setzten sich. Und endlich konnte Eva die ganze Geschichte erzählen, vom Loslassen und Annehmen, von ihrem Bruder, ihrer Mutter, von Heike, von Jochen Bohne, von neuen Zielen und dem neuen Gefühl, sich durchsetzen zu können – und dabei zugleich die Menschen zu gewinnen.

Michael nahm sie in die Arme. »Ich bin stolz auf dich! Du bist nicht nur ein wunderbarer Parkbank-Coach, sondern einer, der ganze Unternehmen rettet – und kleine Brüder und große Michaels gleich dazu.« Er lächelte. »Vielleicht solltest du das zu deinem Beruf machen.«

Jetzt lächelte Eva auch.

Als sie weitergingen, kamen sie an dem Büdchen vorbei, und Michael fragte sie: »Magst du ein Eis?«

Eva strahlte ihn an. »Ja, gern, ein Split bitte.«

Evas zwölf Gebote erfolgreicher Teamarbeit

1. Wir machen uns gegenseitig keine Vorwürfe, das ist Energieverschwendung. Ab sofort wird nach vorne geschaut! Alte Fehler sind nicht rückgängig zu machen, neues Handeln kann sie ausbügeln oder/und verhindern, die gleichen Fehler noch einmal zu machen!
2. Nichts wird unter den Teppich gekehrt! Wir legen Probleme offen und suchen gemeinsam nach Lösungen! Jeder fängt bei sich selbst an, etwas zu verändern!
3. Wir geben Feedback, um uns zu helfen und die Sache weiterzubringen! Empfindlichkeit ist eine Abwehrfunktion, die Veränderungen schwierig macht. Wir leisten uns den ehrlichen Meinungsaustausch!
4. Sätze wie »Das haben wir immer schon so gemacht« werden aus dem Repertoire gestrichen! Änderungen sind nötig und machbar. Wir üben eine gewisse Fehlertoleranz bei mutigen Entscheidungen.
5. Wir sind Verbündete, keine Gegner! Wir hören uns Ideen der anderen an, auch unkonventionelle, ohne sie sofort totzureden. Wir tolerieren abweichende Meinungen!
6. Wir sehen unsere Mitarbeiter als Experten auf ihrem Gebiet an, holen ihre Meinung ein, nutzen ihre Erfahrungen und greifen ihre Vorschläge auf!

7. Wir sind bereit, Unbequemlichkeiten und Einschränkungen in Kauf zu nehmen. Und verlangen das auch von anderen. Dabei handeln wir nicht willkürlich oder ungerecht!
8. Wenn uns etwas stört, sagen wir es gleich, ohne negative Emotionen anzusammeln. Wer Bedenken hat, äußert sie im Führungskreis. Einmal getroffene Beschlüsse vertreten wir geschlossen nach außen!
9. Wir bitten rechtzeitig um Hilfe, wenn wir Unterstützung brauchen. Wir helfen, wenn wir gebeten werden, oder suchen Alternativen, wenn wir selbst keine Kapazität frei haben!
10. Zuständigkeiten und Verantwortung werden klar definiert und beachtet. Veränderungen werden diskutiert und nach Absprache vereinbart.
11. Wir setzen uns Zeitschienen, die für alle verbindlich sind, und vereinbaren Vorgehensweisen, wenn wir Termine nicht einhalten können.
12. Jeder versucht sein Bestes an seinem Platz. Gemeinsam werden wir es schaffen!

Danke

Ich danke meinem Bruder Dieter für unsere langen Gespräche über die Arbeit eines engagierten Betriebsratsvorsitzenden in einem mittelständischen familiengeführten Unternehmen. Lieber Dieter, ich wünsche dir alle Kraft der Welt!

Dank an meine bewährten Beta-Leser/innen Barbara Wittmann, Elke Opolka und Jon Christoph Berndt für ihre zahlreichen Anregungen (und die engagierten Kaffeeflecken auf meinem Manuskript).

Danke meinem Freund und Econ-Programmchef Jens Schadendorf für den Glauben an meine Fähigkeit als Romanautorin, für die Stunden der Konzipierung und sein kluges, wertschätzendes Feedback.

Dank an meine Mutter, die mich verwöhnte, während ich auf ihrer Dachterrasse in Andalusien das erste Kapitel entsann (das erste ist immer das schwerste!).

Riesendank an meine Office-Managerin Monika Jonza, die mir vor allem in der Schlussphase mutig den Kalender frei gehalten und mich zwangsweise in mein »Schreibhotel«, das Marc Aurel in Bad Gögging, eingewiesen hat.

Ich danke Barbara, der Shiatsu-Meisterin im Marc Aurel. Sie hat mir in Schreibpausen das Prinzip von Annehmen und Loslassen verdeutlicht, auch wenn das manchmal etwas schmerzhaft war (autsch!).

Alle Personen und Handlungen in diesem Buch sind von mir frei erfunden. Ähnlichkeiten mit lebenden Personen oder Namensgleichheiten sind rein zufällig. Eine Möbelfabrik Hoffmann GmbH gibt es nach meiner Kenntnis in Köln nicht. Schade eigentlich.

Wer die Vorgeschichte zu diesem Buch lesen möchte, kann dies in dem Vorgängerroman »Genug gejammert« tun und dort Eva, Michael, Sonja und Stefan kennen lernen (ebenfalls im Econ Verlag erschienen).

Econ ist ein Verlag der Ullstein Buchverlage GmbH
Originalausgabe
1. Auflage 2004
ISBN 3-430-11077-7
© by Ullstein Buchverlage GmbH, Berlin
Gesetzt aus der Legacy Sans und ReadMyHand bei LVD GmbH, Berlin
Druck und Bindearbeiten: Clausen & Bosse, Leck
Printed in Germany
Alle Rechte vorbehalten